KB189364

후스로부터 시작된 종교적 격동기

(1412 – 1648)

후스로부터 시작된 종교적 격동기 (1412-1648)

2017년 6월 20일 초판 인쇄
2017년 6월 25일 초판 발행

지은이 | 김장수
펴낸이 | 이찬규
펴낸곳 | 북코리아
등록번호 | 제03-01240호
주소 | 13209 경기도 성남시 중원구 사기막골로 45번길 14
     우림라이온스밸리 2차 A동 1007호
전화 | 02-704-7840
팩스 | 02-704-7848
이메일 | sunhaksa@korea.com
홈페이지 | www.북코리아.kr
ISBN | 978-89-6324-552-2 (03230)

값 13,000원

후스로부터 시작된
종교적 격동기
(1412 - 1648)

김장수 지음

북코리아

들어가면서

2017년 10월 31일은 루터(M. Luther)가 면벌부판매의 부당성을 명시한 '95개조의 반박문(95 lateinische Thesen gegen den Missbrauch des Ablasses)'을 비텐베르크 궁성교회(Schlosskirche) 출입문에 게시한 지 500년이 되는 뜻깊은 날이다. 그리고 이러한 역사적 사건을 기념하기 위해 올해 초부터 세계 여러 곳에서 다양한 학술 활동 및 행사가 진행되거나 개최될 예정이다. 우리나라 역시 이러한 움직임에서 예외가 아니기 때문에 역사학계나 종교단체를 중심으로 루터의 종교개혁을 재조명하려는 시도들이 활발히 전개되고 있을 뿐만 아니라 그것들에 대한 사회적인 관심도 증대되고 있는 실정이다. 이렇듯 세계적인 관심과 조명을 받고 있는 루터는 '95개조의 반박문'을 발표한 이후부터 당시 기독교가 안고 있는 문제점들을 공개적으로 거론하면서 그것들에 대한 비판도 하기 시작했다. 비록 루터가 당시 기독교가 안고 있던 문제점들을 비판했음에도 불구하고 이 인물은 처음부터 기독교와의 결별에 대해서는 생각하지 않았다. 그러나 교회 정화를 목표로 한 루터의 시도는 기독교에 대한 전면적인 도전으로 간주되었고 이것은 로마 교황청이 루터에 대해 공식적인 압박을 가하는 계기도 되었다. 이러한 상황에서 루터는 1519년 7월 당시 저명한 신학자였던 에크(J. M. V. Eck)와의 공개논쟁을 라이프치히(Leipzig)에서 펼쳤고 그 이후부터 자신의 입장을 더욱 확고히 정립하게 되었다. 점차적으로 그는 기독교와의 결별 필요성을 인지하게 되었고 종교개혁자로서의 자세도 취하기 시작했다. 물론 루터에 앞서 당시 기독교가 가졌던 제 문제를 지적하고 종교개혁을 통해 그러한 것들을 제거해야 한다는 주장이 위클리프(J. Wycliffe)와 후스(J. Hus)로부터 제기되었지만 루터의 개혁만큼 사회적 공감대를 얻지는 못했다. 그리고 개혁의 중심에 있었던 이들은 이단으로 몰려 처형되었다.

루터를 비롯한 당시 종교개혁가들은 기독교가 안고 있던 문제점들을 정확히 파악했다. 그렇다면 당시 기독교는 어떠한 문제점들을 가졌을까? 중세 말부터 가속화되었던 교회의 세속화현상과 그것에 따른 부패현상은 시간이 지날수록 더욱 심화되었다. 이 당시 교회는 교회 소유의 토지에 부과하는 조세 이외에도 십일조를 비롯한 각종 세금과 수수료를 징수하고 있었다. 그리고 고위 성직자들 역시 부도덕한 행위를 자행하는데 주저하지 않았으며 이들은 사치와 향락에 빠져들기도 했다. 또한 이들은 금욕에 대한 규율을 어기고 첩까지 두었으며, 교회 근처에 술집이나 여관, 심지어 도박장까지 운영하여 재산을 축적하는 데 주력했다. 따라서 교회의 관심은 하느님의 가르침이나 인간의 구원보다는 돈과 사치, 권력에 쏠려 있었다. 이처럼 부와 사치를 누리던 교회도 교황청의 확대된 행정체제를 유지하기 위한 지출이 증가함에 따라 심각한 재정난에 시달리게 되었다. 이에 따라 로마 교황청은 부족한 재정을 충당하기 위해 각종 비정상적인 방법들을 동원했는데, 그

중에서 대표적인 것이 바로 성직매매였다. 그리고 성직이 재산축적의 손쉬운 방법으로 인식되면서 교회는 더욱 형식적이고 권위적으로 변질되어갔다. 이렇게 교회의식은 갈수록 성대해졌지만, 신앙은 점점 외양적인 행사로 변해 일반대중이 교회를 불신하는 상태까지 이르렀다.

그런데 이러한 문제들을 본질적으로 해결하기 위해서는 개혁과 같은 과격한 방법이 필요했다. 이에 따라 개혁이 교회 내부에서 자발적으로 일어나느냐, 아니면 외부로부터의 도전적인 형태로 나타나느냐로 압축되기 시작했다. 그러나 교회 내부에서의 자발적인 개혁 가능성은 매우 희박했는데 이것은 15세기 전반기에 개최된 일련의 공의회에서 교회 내부의 폐해를 제거하려고 했으나, 이 시기의 교황과 교회는 그 어느 때보다 부패하고 타락한 데서 비롯된 것 같다.

본서에서는 우선 종교개혁 이전에 나타난 교회의 세속화 현상과 거기서 제기된 부패현상을 다루도록 한다. 이어 성서 지상주의를 토대로 당시의 종교적 부패현상을 제거해야 한다는 관점에서 비롯된 보헤미아 지방에서의 종교개혁을 언급하도록 한다. 그리고 이러한 과정에서 핵심적 인물로 등장한 후스의 행보와 그에 대한 화형에서 야기된 후스주의 혁명의 진행 과정 및 결과에 대해 거론하도록 하겠다. 또한 후스와 마찬가지로 성서지상주의를 지향한 루터의 종교개혁에 대해서도 살펴보도록 한다. 그리고 여기서는 루터가 제시한 교육개혁에서 확인되는 목적 및 내용에 대해서도 거론하도록 한다. 이어 츠빙글리(U. Zwingli) 및 칼뱅(J. Calvin) 주도로 스위스에서 진행된 종교개혁을 다루도록 한다. 또한 영국의 헨리 8세(Henry VIII)가 개인적 문제로 단행한 종교개혁과 거기서 부각된 특징 및 한계에 대해서도 취급하도록 한다.

1555년 9월 23일 아우구스부르크 종교회의에서 체결된 제후 및 자유도시에 대한 신앙의 자유는 구교 및 신교도 모두를 만족시키지 못했다. 그럼에도 불구하고 신성로마제국의 제후들은 더 이상의 분쟁을 원하지 않았기 때문에 전쟁은 바로 발생하지 않았다. 그러다가 빈(Wien) 정부가 보헤미아 지방에서 발생한 종교적 분쟁을 슬기롭게 해결하지 못함에 따라 30년 종교전쟁(1618-1648)이 발생하게 되었고 여기에는 스웨덴, 덴마크, 그리고 프랑스를 비롯한 유럽의 다수 국가들도 참여했다. 1648년 베스트팔렌(Westfalen) 조약이 체결됨에 따라 30년간 지속된 종교전쟁은 끝났지만 신구교간의 종교적 앙금은 완전히 해소되지 못하고 오랫동안 지속되었다. 그러나 30년전쟁 이후 종교적 요인에서 비롯된 전쟁은 유럽에서 더 이상 발생하지 않았다.

짧은 기간의 탈고에서 비롯된 문장이나 내용상의 오류는 개정판에서 시정하도록 하겠다. 그리고 어려운 여건에도 불구하고 이 책의 출간을 기꺼이 허락하신 북코리아 이찬규 사장님과 출판사 관계자 여러분께 이 자리를 빌려 감사의 말씀을 드린다.

2017년 4월
김 장 수

차례

1. 교회의 세속화현상

14세기 초부터 시작된 교회의 내부적 문제, 즉 교황의 바빌론 유수(Babylonian Captivity/Die Babylonische Gefangenschaft: 1309-1377/78) 와 교회의 대분열(Great Schism/Das Große (Abendländische) Schisma: 1378-1415)로 인해 교황권은 크게 실추되었다. 그런데 1309년 부터 시작된 교황의 바빌론유수는 기원전 597년부터 기원전 538년까지 유대 민족의 대다수가 신바빌로니아의 바빌론으로 끌려가 수십 년간의 포로 생활을 했던 이야기에서 비롯된 것 같다.[1] 1376년까지 지속된 이 상황에서 프랑스 국왕은 교

---

1   13세기 말 프랑스의 필리프 4세(Phillipe IV: 1285-1314)가 가스코뉴(Gascogne) 공령의 쟁탈전에 필요한 전비를 마련하기 위해 국내 성직자들에게 세금을 부과 하려고 함에 따라 교황 보니파시오 8세(Bonifacius VIII: 1294-1303)는 교서를 통 해 반대의사를 명백히 밝혔다. 이에 필리프 4세는 프랑스로부터 교황청으로의 금전유출을 차단시켰다. 그리고 14세기 초에 발생한 프랑스 왕권에 적대행위를 한 주교 제거문제로 양자 사이의 대립은 더욱 심화되었다. 여기서 필리프 4세는 1303년 3월 삼신분회의를 소집했고 교황은 '우남 상크탐(Unam Sanctam)'이라는 교서발표로 대응했다. 교황이 발표한 교서에서는 '만일 세속권이 과오를 범할 경우 영적 권력에 의해 심판받아야 하며, 영적권력은 위엄이나 고귀함에 있어 어 떤 세속권보다 우월하다.'라는 것이 강조되었는데 이것은 세속권에 대한 교황권 의 절대적 우위를 다시금 표명한 것이라 하겠다. 이에 필리프 4세는 당시 아나니 (Anagni)에 머물던 보니파시오 8세를 습격한 후 체포했다. 비록 보니파시오 8세

황청을 철저히 지배했으며 그것은 교황권의 권위를 크게 흔들리게 하는 요인으로도 작용했다. 교황청을 아비뇽(Avignon)에서 다시 로마로 옮긴 교황은 그레고리오 11세(Gregory XI: 1370-1378)였는데 이 인물은 로마로 돌아 온 직후 사망했다. 이에 따라 나폴리 출신의 우르바노 6세(Urban VI: 1378-1389)가 1378년 새로운 교황으로 선출되었다. 그러나 새 교황선출에 협조한 프랑스 출신의 추기경들은 기대와는 달리 푸대접을 받았고 그것은 이들로 하여금 로마로부터 철수하게 하는 요인이 되었다. 프랑스로 돌아 온 이들은 새로운 교황 클레멘스 7세(Clemens VII: 1378-1394)를 선출하면서 지난번의 교황선출을 무효라고 선언했다. 이렇게 선출된 클레멘스 7세는 아비뇽 교황청에서 집무했고, 로마 교황청은 클레멘스 7세와 그의 추기경들을 파문한 후 새로운 추기경단을 구성했다. 그러나 교황이 두 명씩 있는 분립상태를 종식시키려는 노력도 있었다. 1409년 소집된 피사(Pisa) 공의회는 그레고리오 12세(Gregory XII: 1406-1415)와 베네딕트 13세(Benedict XIII: 1394-1417)를 동시에 폐위시키고 밀라노 교구의 추기경이었던 필라기(Philargi)를 교황 알렉산데르 5세(Alexander V: 1409-1410)로 선출했다.[2] 그러나 그가 몇 달도 안 되어 사망함에 따라 그 뒤를 요

는 아나니 주민들에 의해 풀려났지만 이 인물은 충격과 굴욕으로 사망했고 이후 교황청은 아비뇽으로 옮겨졌다.

2 200여 명의 주교 및 그들의 대리인들이 참석한 피사 공의회에서 그레고리우스 12세와 베네딕트 13세가 교회 내에서 분열을 조장하고 이교도적인 행위를 했다는 것이 지적되었다. 아울러 여기서는 이들이 종교적 선서도 위배했기 때문에 폐

한 23세(Johann XXIII: 1410-1415)가 계승했다. 이에 따라 로마와 아비뇽의 교황들은 새 교황에 대한 복종을 거절했고, 결국 교황은 셋으로 늘어나고 말았다. 이렇게 교황들이 대립함에 따라 교회의 위계질서 역시 약 40년 동안 와해되었는데 이것을 지칭하여 '대분열 시대'라 한다.

이러한 교회의 내부적 문제와 더불어 교회의 세속화현상 및 그것에 따른 부패현상 역시 광범위하게 확산되고 있었다. 이 당시 교회는 교회 소유 토지에 부과하는 조세 이외에도 십일조를 비롯한 각종 세금과 수수료를 징수하고 있었다. 그리고 고위 성직자들 역시 부도덕한 행위를 자행하는 데 주저하지 않았으며 이들은 사치와 향락에 빠져들기도 했다. 또한 이들은 금욕에 대한 규율을 어기고 첩까지 두었으며, 교회 근처에 술집이나 여관, 심지어 도박장까지 운영하여 재산을 축적하는데 주력했다.[3] 따라서 교회의 관심은 하느님의 가르침이나 인간의 구원보다는 돈과 사치, 권력에 쏠려 있었다. 이처럼 부와 사치를 누리던 교회도 교황청의 확대된 행정체제를 유지하기 위한 지출이 증가함에 따라 심각한 재정난에 시달리

위시켜야 한다는 결정도 내려졌다.

3 이렇게 교회의 세속화현상과 그것에 다른 부패현상이 만연됨에 따라 일부 성직자들은 이미 10세기 초에 교회의 정화를 강조했고 그것에 따른 개혁운동도 펼쳐졌다. 그리고 이러한 개혁운동은 프랑스 리옹(Lyon) 북쪽의 클뤼니(cluny) 수도원을 중심으로 진행되었는데 거기서는 성직자 임명권을 국왕을 비롯한 세속 제후들이 가졌기 때문에 그것을 시정해야 한다는 주장도 제기되었다. 비록 이러한 개혁운동이 어느 정도의 가시적인 효과를 거두었음에도 불구하고 당시 제기된 근본적인 문제를 해결하지는 못했다.

게 되었다. 이에 따라 교황청은 부족한 재정을 충당하기 위해 각종 비정상적인 방법들을 동원했는데, 그중에서 대표적인 것이 바로 성직매매와 면벌부판매였다. 성직은 공공연히 매관매직되었는데, 실례로 메디치(Medici) 가문출신의 교황 레오 10세(Leo X: 1513-1521)는 매년 2,000여 성직을 팔아 엄청난 수입을 올리기도 했다. 그런데 레오 10세는 사치스럽기로 유명한 인물이었다. 부유한 메디치가에서 태어난 이 인물은 당시 막강한 영향력을 행사하던 아버지 로렌초(Lorenzo: 1442-1492)의 도움으로 14세의 어린 나이에 추기경이 되었고 1513년에는 교황으로 선출되기도 했다. 성직매매를 통해 높은 대가를 지불하고 성직에 오른 성직자들 역시 자신들의 재정적 손실을 만회하기 위해 교구민들에게 높은 세금을 부과하는 데 주저하지 않았다. 또한 이름만 성직자로 등록해 놓고 세속생활을 하면서 급여만 받아가는 부재성직자가 속출했으며, 유년 성직서임 즉, 나이 어린 아이를 고위 성직자로 임명한 후 교회가 거기서 나오는 급여를 관리하는 일도 적지 않았는데 그 일례로 12세의 보로메오(St. C. Borromeo: 1538-1584)가 베네딕트 수도원(Benediktinerorden)의 원장으로 임명된 것을 들 수 있다.[4] 점차적으로 성직이 재산축적의 손쉬운 방법으로 인식되기 시작했고 그것에 따라 교회는 더욱 형식적이고 권위적으로 변질되어갔다. 교회의식은 갈수록 성대해졌지만, 신앙은 점점 외양적인 행사로 변해 일반대중이 교회를 불신하는 상태까지 이

---

4   이 인물은 밀라노 대주교로 임명된 이후부터 학문의 활성화 및 교회쇄신에 앞장섰다.

르렀다.

그리고 교회에 대한 일반대중의 이러한 불신증대는 구원의 불확실성 증대로 연계되었다. 그런데 구원에 대한 이러한 불확실성 증대는 스콜라 철학의 개념 중의 하나인 '당신 안에 있는 것을 행하라(facere quod in se est), 혹은 당신의 최선을 다하라.'라는 문구에서 비롯된 것 같다.[5] 그리고 이러한 문구는 자신의 잠재 능력을 최대한 발휘하여 하느님을 사랑하려고 애쓰는 일은-비록 그것이 아무리 미미하더라도-하느님으로 하여금 그 노력에 대한 보상으로 훨씬 나아지게 도와주는 은혜를 내리시도록 촉구할 것이다라고 해석되었다.[6] 점차적으로 사람들은 하느님의 보상을 얻기 위해 가능한 한 많은 선행을 해야 한다는 인식을 가지게 되었다. 여기서 사람들은 성인들의 유골 및 다른 유물들을 열광적으로 수집했는데 이것은 그러한 것들이 심판을 연옥(purgatorium)으로 제한시킬 수 있는 확신에서 비롯된 것 같다.[7] 그 일례는 루터가 종교개혁을 단행한 비텐베르크(Witenberg)에서 찾을 수 있다. 비텐베르크 성 교

5 스콜라철학은 8세기부터 17세기까지 중세유럽에서 구축된 신학 중심의 철학을 지칭한다. 기독교교회의 부속학교에서 교회교리의 학문적 근거를 체계적으로 확립하기 위해 이루어진 기독교 변증의 철학으로, 고대 철학의 전통적 권위에 의존하여 주로 아리스토텔레스(Aristoteles) 및 플라톤(Platon)의 철학을 원용하여 학문적 체계를 세우려 했는데 토마스 아퀴나스가 그 핵심적 역할을 담당했다. 그러나 내용이 형식적이고 까다로운 것을 특징으로 제시할 수 있다.
6 하느님과 같은 뜻으로 쓰이는 하나님은 개신교에서 '기독교가 받드는 유일신'이란 의미를 가지고 있다.
7 기독교교리에서 연옥은 천국으로 가기에는 자격이 부족하지만 지옥으로 갈 정도의 큰 죄를 짓지 않은 자들의 영혼이 머무르는 곳이다.

회는 모든 성인들에게 봉헌되었다. 그리고 작센 선제후 프리드리히 2세(Friedrich II: 1411-1464)는 교회 안에 19,000개의 유물을 모아 놓았는데 이것은 1,900,000일의 면벌부에 해당되는 양이었다. 숫자에 대한 이러한 경건적 흥분은 미사가 열린 횟수에서도 확인되었다. 1517년 비텐베르크 성 교회에서는 9,000번 이상의 미사가 진행되었고 40,932개의 촛불이 소모되었다. 이는 7,000파운드의 무게이자, 1,112굴덴(Gulden)의 가치에 해당되었다. 이 당시 프리드리히 2세가 수집한 유물에는 떨기나무 한 조각, 불타는 용광로에서 나온 숯, 마리아의 젖, 예수님이 어렸을 때 누웠던 유아용 침대의 한 부분 등이 있었는데 이들 모두는 비싼 값에 구매한 것들이었다. 그렇다면 사람들은 왜 이러한 성취지향적인 경건에 대해 열광했을까? 그리고 종교적 행위의 반복만이 구원을 받을 수 있다는 확신을 가졌을까? 이러한 제 질문의 대답은 위기적 시기에 사람들이 좋았던 이전의 시기를 갈망하고 그것을 모방하려는 경향에서 찾아야 할 것이다.

그런데 15세기 초에 만연된 교회의 세속화현상 및 그것에 따른 부패현상은 종교개혁이라는 과격한 방법을 통해서만 그 치유가 가능했다. 문제는 개혁이 교회 내부에서 자발적으로 일어나느냐, 아니면 외부로부터의 도전적인 형태로 나타나느냐 뿐이었다. 그러나 교회 내부에서의 자발적인 개혁 가능성은 매우 희박했다. 15세기 전반기에 개최된 일련의 종교회의에서 교회 내부의 폐해를 제거하려고 했으나, 이 시기의 교황과 교회는 그 어느 때보다 부패하고 타락해 있었던 것이다.

2. 후스(J. Hus)의 종교개혁

교회의 세속화현상

중세 체코 역사의 황금기였던 카렐 4세(Karel IV: 1347-1378)의 통치 시기가 끝나면서 체코 왕국 역시 쇠퇴기로 접어들게 되었는데 그 요인들로는 국왕과 귀족들 간의 지속적인 대립, 왕권과 교권 간의 불화, 통치력 약화 및 그것에 따른 국가의 위상 저하, 경제적 쇠퇴, 그리고 전염병의 확산 등을 들 수 있을 것이다. 이렇게 쇠퇴기에 접어들면서 사람들 사이의 불안감은 이전보다 증폭되었고, 위기의식 역시 고조되었다. 여기서 많은 사람들은 성서에 담긴 하느님의 계율을 제대로 이행하지 않은 것에 대한 신의 분노 및 응징에서 이러한 제 상황이 초래되었다는 생각을 가지게 되었고 그것에 따라 교회에 대한 자신들의 비난 수위도 점차 높여 갔다. 실제적으로 체코 왕국 내 교회들 역시 유럽 대다수의 교회들과 마찬가지로 막대한 부를 토대로 사치 및 영화에 치중했고, 성직자들 또한 그들의 사명과 본분을 잃은 채 세속 정치에 지속적으로 개입하여 그 폐해 역시 이미 도를 넘은 상태였다. 따라서 교회가 제대로 되지 않고서는 사회가 제대로 될 수 없으며, 교회의 개혁 없이는 사회의 개혁 역시 불가능하다는 것이 당시 개혁적 사고를 가진 인물들의 공통된 입장이었다.

종교개혁의 필요성

교회와 사회에 대한 개혁운동은 이미 카렐 4세의 치세 때 시도된 바 있었고, 후스주의의 초기 선구자인 얀 밀리치(Jan Milíč z Kroměříže: ?-1374)의 활동을 거쳐 토마시(Tomáš ze Stitneho: ?-1405)와 야노프의 마테이(Matěj z Janova: ?-1354)에 이르러 적지 않은 지지 세력을 확보했지만 이들은 교회와의 공개적 마찰에 대해서는 회피하는 자세를 보였다. 그러나 이들의 계승자들인 카렐(Karel) 대학, 즉 프라하(Praha) 대학의 개혁운동가들은 달랐다. 이들은 기독교교회의 제 원칙을 과감히 비판했던 영국의 종교개혁자 위클리프(J. Wycliffe: 1320-1384)의 사상을 지지하면서 교회 당국과 정면으로 맞섰다.[8] 실제적으로 이 당시 위클리프는 신앙에서 하느님과의 내면적 · 개인적 관계를 강조했고 당시 교회의 사제주의와 신앙의 공덕주의를 비판했다. 특히 그는 성서가 교회의 유일한 법칙이며 최고의 권위라는 것을 강조했을 뿐만 아니라 성서가 모든 믿는 자들의 소유라는 것도 부각시켰다. 그리고 위클리프는 당시 교회가 세속적인 부와 정치적 영향력을 스스로 포기할 수 없기 때문에 교회가

---

8   위클리프의 사상은 1382년 영국의 리처드 2세(Richard II)가 체코 국왕 바츨라프 4세의 여동생 안나(Anna)와 결혼한 후 체코 왕국에 전파되었다.

사도 생활에 전념할 수 있게끔 국가가 인도해야 한다는 주장을 펼쳤다.[9] 아울러 이 인물은 예정설(praedestinatorum: 현세 및 인간 생활의 모두가 신의 섭리에 따라 정해져 있다는 것)을 제시하기도 했다. 또한 그는 1382년 당시 사제들만의 소유물이었던 성경을 영어로 번역해 모든 영국인들이 쉽게 성경을 읽고 이해할 수 있게끔 했다. 그런데 그의 말년은 이단 시비로 얼룩졌는데, 미사의 핵심 교의인 이른바 화체설, 다시 말해 성찬식의 빵과 포도주가 외형상 그대로 이지만 실제로는 그리스도의 살과 피로 변한다는 교의를 그가 반박하면서부터 시작되었다. 이에 대한 그의 입장은 꽤 복잡했지만, 간단히 말하자면 빵과 포도주와 그리스도의 살과 피가 동시에 나란히 존재한다고 믿었던 것이다.

후스의 등장

이 당시 교회와 정면으로 대응하는 과정에서 주도적 역할을 담당했던 인물은 카렐 대학의 후스(J. Hus: 1372-1415) 교수였는데 그는 친구였던 예로님(Jeroným Pražský: 1378/80-1416)을 통해 1398년 위클리프의 사상을 받아 들였다.

후스는 1372년 남 보헤미아의 소도시 후시네츠(Husinec)에서 짐수레꾼의 아들로 태어났다. 후스는 이 도시에서 라틴학

---

9 위클리프는 자신의 저서인 '세속지배론'에서 국가가 교회의 재산을 몰수할 수 있다는 주장을 펼쳤고 이것은 국가교회(ecclesia anglicana)의 사상적 토대가 되었다.

후스(J. Hus)

교를 다녔고 1390년 고등교육을 받기 위해 프라하로 왔다. 이 인물은 1393년부터 카렐 대학에서 철학과 신학을 공부한 후 1396년에 석사학위(Magister artium)를 취득했다. 같은 해 이 인물은 체코어 맞춤법을 정리한 저서를 출간하기도 했다. 다음 해인 1397년 후스는 쾰른(Köln)으로 여행을 떠났는데 이것은 자신의 학문적 발전에 필요한 자료들을 확보하기 위한 목적에서 비롯되었다. 프라하로 돌아온 후스는 1398년부터 신학을 본격적으로 공부하기 시작했고 1400년에 부제(Diakon)로 서품되었다. 이후부터 그는 성직자로 활동했으며 신학에 대한 자신의 관심증대에 필요한 공부도 병행했다. 1408년 그는 신학박사 취득에 필요한 과정을 이수했고 같은 해 프라하 대학 신학부 교수로 임용되었다. 이에 앞서 후스는 1402년 3월 14일부터 프라하 구시가지에 있던 베들레헴 교회(Betlemská kaple)의 설교자로 활동했다. 1394년에 완공된 이 교회는 기존의 교회들과는 달리 고딕 건축의 아치형식을 갖춘 강당교회였는데 이것을 통해 성직자들은 보다 많은 신자들에게 설교할 수 있게 되었다. 실제적으로 후스는 200명에 달하는 설교자들을 상대로 체코어로 설교했고 거기서 체코민족의 자각이 필요하다는 것도 역설했다. 이 당시 후스는 프라하 대주교의 신임을 받았기 때문에 성직자 종교회의에서 수차례에 걸쳐 설교했다.

점차적으로 후스는 프라하 대학 내에서 영향력 있는 체코인 교수로 알려지기 시작했다. 이 인물은 라틴어뿐만 아니라 체코어로 저술 활동을 했으며, 체코어를 개량하고 체코어 철자법도 개혁하여 오늘날까지 사용하게끔 했으며, 체코어 찬송가를 보급하기도 했다. 그는 설교 및 저술을 통해 교회가 타락을 청산하고 초기 기독교 정신으로 회귀할 것도 촉구했는데, 그를 중심으로 한 프라하 대학 교수들의 이러한 비판은 대중적 관심 및 지지를 받았다. 물론, 고위 성직자들과 프라하의 독일인들은 후스의 이러한 관점에 대해 부정적인 반응을 보였고, 프라하 대학의 독일인 교수들은 후스에게 이론적 반기를 드는 적극성도 보였다. 이렇게 시작된 프라하 대학 내 독일인 교수들과 체코인 교수들 간의 갈등은 1409년 1월 18일 바츨라프 4세(Václav IV: 1378-1419)의 쿠트나 호라(Kutná Hora) 칙령으로 종식되었다. 바츨라프 4세는 자신이 발표한 칙령에서 카렐 4세가 1348년 국제주의적 원칙에 따라 배분한 민족 구성 비율을 재조정했는데 그 과정에서 대학의 주도권이 체코인 교수들에게 넘어가게 되었다. 이에 따라 천 명에 달하는 독일인 교수들과 학생들이 프라하를 떠나 라이프치히(Leipzig)에서 그들의 새로운 대학을 설립했다.

이 당시 후스는 위클리프와는 달리 사람들 앞에 나아가 설교를 통해 가르침을 설파했고 그것을 실행에 옮길 것도 촉구했다. 여기서 후스는 성직자들의 모든 설교는 성서에 기초해야 한다는 것과 성찬식에 참석한 평신도들도 성직자들과 마찬가지로 동등한 권한을 부여받아야 한다는 주장을 펼쳤다. 특히 교회의 재산을 박탈하여 청빈한 교회로 회귀시켜야 한다는 후스의 가르침은 소귀족들과 도시민들을 포함한 대중적 지지도 받았다.

후스의 반로마교회적 활동

1412년 5월 로마교황의 특별대리인 자격으로 보헤미아 지방에 도착한 티엠(W. Tiem)은 면벌부판매 확대를 위한 종교적 행사를 주관했다. 그런데 이 당시 신자들은 이러한 면벌부판매에 대해 깊은 관심을 보였는데 그것은 자신들이 속세에서 너무 많은 죄를 지었기 때문에 지옥이나 연옥으로 갈 수 밖에 없다는 두려움에서 비롯된 것 같다. 후스는 로마 교황청이 신도들의 이러한 공포심을 악용하여 자신들의 부를 축적하려 한다는 언급을 하면서 면벌부판매의 부당성을 공개적으로 지적하는 적극성도 보였다. 이에 로마 교황청은 후스의 이러한 이교도적인 행위에 대해 더 이상 수수방관하지 않겠다는 입장을 공식적으로 밝힌 후 후스에게 출두명령도 내렸다. 즉 로마 교황청은 후스에게 로마에 와서 자신의 이단적 행위를 언급하고 그것의 철회를 요구했지만 후스는 그러한 것을 받아들이지 않았다. 이러한 때 프라하에서 소요가 발생했는데 이것은 3명의 젊은 수공업자, 즉 얀(Jan), 마르틴(Martin), 그리고 스타셰크(Stások)가 1412년 7월 10일 타인(Teyn) 교회와 성 야곱(St. Jacob) 교회에서 면벌부판매의 부당성을 지적한 후 체포된 데서 비롯되었다. 이에 따라 후스는 다음날인 7월 11일 자신의 대학 동료 및 추종자들과 더불어 프라하 시청을 항의 방문했지만 얀을 비롯한 젊은 수공업자들은 같은 날 재판 절차 없이 처형되었다. 이에 따라 프라하에서는 일련의 과격한 시위가 펼쳐졌고 그 과정에서 후스가 핵심적인 역할을 담당했다. 뿐만 아니라 후스는 자신의 출판물에서 처형된 3명의 청년을 순교자로 칭송하는 등 반기독교적 입장을 취하는데 주저하지 않았다.

후스의 반로마교회적 활동이 본격화됨에 따라 로마 교황 요한 23세는 1412년 12월 그를 파문시켰을 뿐만 아니라 그가 3일 이상 머물렀던 지역들에 대해서도 금령조치(Interdikt)라는 종교적 징벌을 가했다.[10] 이 과정에서 바츨라프 4세는 로마

---

10 기독교 신자의 자격을 박탈하는 파문은 성사의 보류이기 때문에 당시 사회에서는 가장 큰 타격으로 간주되었다. 만일 어떤 신자가 파문을 당할 경우 그는 성사

교황청을 두둔했고 그것에 따라 후스는 프라하를 떠나야만 했다. 이후부터 그는 보헤미아 남부의 코지 흐라데크(Kozí Hrádek)에서 머물면서 그곳 귀족들로부터 보호도 받게 되었다. 이 당시 귀족들은 위클리프의 이론을 추종하던 후스를 도울 경우 교회재산도 차지할 수 있다는 희망을 가지고 있었다. 이 시기에 후스는 구약성서를 체코어로 번역했을 뿐만 아니라 자신이 머물던 지방에서 사용되던 신약성서도 체코어로 옮겼다. 같은 해 후스는 포스틸러(Postille: 교회력에 의해 그 날의 복음서 및 사도서를 주제로 한 설교집)를 간행했고, '교회에 대해서(De ecclesia)'라는 유명한 저서도 출간했다. 특히 후스는 자신의 저서에서 '교회는 위계질서가 없는 평등한 공동체이지만 여기서 하느님은 그 수장 역할을 해야 한다.'라고 했다. 그리고 그는 '현재의 교회가 예정설을 위배하고 하느님이 선택하지 않은 사악한 인물들로 구성되었기 때문에 반드시 배척해야한다.'라는 주장도 펼쳤다. 따라서 그는 신도들이 로마교황에게 저항해야 하는 상황에 대해서도 구체적으로 언급했다. 거기서는 우선 교황이 하느님의 율법과 복음을 충실히 따르는 경건한 자들을 무시하고 인간적인 전통에만 집착하는 경우가 제시되었다. 그리고 교황과 고위 성직자들이 경건한 삶에서 벗어나 세속적인 일들에 관여할 경우에도 저항해야 한다는 것이 언

를 받지 못할 뿐만 아니라 죽은 후에도 교회묘지에 묻히지 못했다. 아울러 이 인물은 세속사회 및 실정법의 보호도 받지 못하고 불법자로 간주되었다. 파문이 풀린 경우에도 엄격한 고해성사 과정을 거쳐야만 이전의 상태로 돌아갈 수 있었다.

급되었다.

콘스탄츠 공의회

1414년 10월 신성로마제국의 황제이자 바츨라프 4세의 동생이었던 지기스문트(Žigmund Lucemburský: 1411-1437)[11]의 제안에 따라 당시 로마 교황이었던 요한 23세가 제국 도시인 콘스탄츠에서 공의회(Koncil)를 개최했는데 여기에는 29명의 추기경, 180여 명의 주교, 100여 명의 대수도원장, 다수의 고위 성직자들, 신학자들, 교회 법학자들, 그리고 세속 통치자들이 대거 참여했다.[12] 공의회 참석자들은 당시의 대분열(동·서 교회의 분열)을 종식시키고 이단을 추방시켜 교회개혁에 박차를 가하고자 했다. 이 당시 교회는 로마계 그레고리오 12세, 아비뇽계 베네딕토 13세, 그리고 공의회파 요한 23세의 3파로 분리되어, 각기 자신의 정통성을 주장하면서 이른바 교황정립 시대를 맞아 교회 사상 최대 혼란을 겪고 있었다.[13] 이에 교

---

11 이 인물은 카렐 4세의 셋째 아들로 콘스탄츠 공의회에서 정립상태하에 있던 3명의 교황을 폐위시키고 마르티노 5세(Martin V)를 새로운 교황으로 선출하여 교회대분열을 종식시켰다.

12 이 공의회는 1418년까지 지속되었다.

13 요한 23세가 교황으로 등극하기 전의 이름은 발다사르 코사(Baldassare Cossa)였다. 이 인물은 교황의 군대를 성공적으로 이끈 장군이었는데 보니파시오 9세(Bonifatius IX: 1389-1404)에 의해 1402년 추기경으로 임명되었고 그 후에는 교황의 특사로 주로 활동했다. 그런데 공의회 개최에 핵심적 역할을 한 요한 23세는 공의회가 진행되는 동안 도주했다. 새해가 시작되고 첫 몇 주간 열린 공의회는 그에게 적대적인 분위기로 흘러갔으며, 그동안 저지른 수많은 범죄들에 대한

회 일치를 최대 목표로 설정한 공의회는 우여곡절 끝에 '공의회가 분열된 전 교회를 대표하며, 그 권능은 하느님으로부터 직접 부여받은 것'이라 선언하고 1415년 6월 4일에는 베네딕토 13세를 폐위시켰다. 그리고 1417년 7월 26일 그레고리오 12세를 설득하여 자진 퇴위하게 했다.[14] 이 공의회는 또한 공의회 지상주의(Konziliarismus)를 채택했는데 이 주의는 교회분열 등으로 인해 야기된 교황권 실추 이후부터 더욱 부각되었다.[15] 그리고 이 공회의가 당시 최대 현안문제로 간주되던 교

재판을 받아야 한다는 목소리도 지속적으로 커졌다. 이 당시 요한 23세의 유일한 동맹자였던 합스부르크 왕조의 프리드리히(Friedrich)가 1416년 3월 20일 지기스문트에 대한 경의의 표시로 마상대회를 개최했을 때, 그는 마구간지기로 변장한 후 간신히 콘스탄츠를 빠져나왔다. 그는 샤프하우젠에 있는 프리드리히의 성으로 가면서 부르고뉴(Bourgogne) 공작의 비호를 받으며 라인 강을 쉽게 건널 수 있으리라는 기대도 했다. 그러나 모든 것은 물거품이 되고 말았다. 공의회에서 그에 대한 즉각적이고 무조건적인 퇴위 요청이 나오자 지기스문트는 병사들을 보내 그를 체포하도록 했다. 그러나 요한 23세에 대한 체포는 실패로 끝나게 되었고 그것은 미출석 상태에서 심리를 진행하게 했다. 그리고 예상대로 요한 23세는 유죄판결을 받았다.

14 공의회는 그레고리오 12세에게 차기 교황이 선출될 경우 그를 교황 바로 다음 서열 인물로 인정하겠다는 약속까지 했다. 그런데 이 당시 그레고리오 12세는 아흔 살의 고령이었기 때문에 그러한 특권을 준다 해도 그리 오래 누리지 못할 것이라는 것이 공의회의 판단이었다.

15 공의회 지상주의는 1400년경 공의회와 교황 사이의 관계를 새롭게 규정하기 위한 일련의 시도에서 비롯되었다. 즉 공의회 지상주의는 교황 베네딕토 13세와 그레고리오 12세의 적법성을 둘러싼 논쟁에서 부각되었다. 두 교황 사이의 대립을 종식시키기 위해 양 진영의 추기경들은 1409년 피사 공의회를 소집했다. 여기서 추기경들은 처음으로 공의회가 교황보다 우선한다는 오컴(Wilhelm v. Occam)의 주장을 공식화시켰다. 이에 따라 공의회는 교회 개혁이 필요할 경우 교황을 배제하거나 거부한 후 어떠한 결정도 내릴 수 있는 권한을 가지게 되었다.

회분열을 수습함에 따라 공의회 지상주의는 결정적인 영향력을 행사하게 되었다.[16]

교회일치를 성사시킨 공의회는 후스의 이교도적 행위를 본격적으로 논의하기 시작했다. 여기서 신성로마제국 황제 지기스문트는 후스에게 공의회 참석을 공식적으로 요구했고 후스가 우려했던 안전 통행(salvus conductus)도 보장하겠다는 입장을 밝혔다. 이 당시 후스는 성직자들에게 자신의 종교적 관점을 정확히 전달해야 한다는 의무감과 '진실이 승리한다(veritas vincit).'라는 믿음을 가졌기 때문에 지기스문트의 제안에 동의했다. 1414년 11월 3일 콘스탄츠에 도착한 후스는 약 3주에 걸쳐 자신이 머무르고 있던 간이숙박소에서 설교를 했다. 그러다가 이 인물은 12월 6일 체포되어 하수구의 악취가 심하게 나는 비위생적인 지하 감옥에 투옥되었다.[17] 이후부터 후스는 제대로 먹지 못했을 뿐만 아니라 건강상의 문제점도 가지게 되었다. 이러한 상황에서 공의회는 후스에게 교회에 대한 그의 모든 비판을 철회하고 교황에게 용서를 구하라는 일방적 강요를 했지만 후스는 이를 거절했다. 이러한 시기 프라하에서는 후스의 동료였던 미스(v. Mies)가 지금까지 영성체 의식에서 성직자들에게만 허용되었던 포도주를 일반 신도들

---

16 1417년 11월 11일 5개국의 대표 6명과 추기경단에 의해 오도 콜론나(Odo Colonna)가 교황으로 선출되었다. 그는 이 날의 성인을 기념하여 마르티노 5세라는 칭호를 부여받았다.

17 이러한 공의회의 결정에 대해 지기스문트는 반발했지만 그 강도는 그리 높지 않았다.

에게도 허용해야 한다는 것을 관철시켰는데 이것은 교회 및 성직자들의 특권을 더 이상 인정하지 않겠다는 의지에서 비롯된 것 같다. 곧 바로 미스의 관점을 추종하는 세력이 형성되기 시작했고 여기에는 하층민들도 대거 참여했다. 프라하에서의 이러한 움직임은 콘스탄츠 공의회 참석자들에게 결단을 촉구했고 그것에 따라 후스의 처형은 기정사실화되었다.

후스의 처형과 체코인들의 반발

처형되기 며칠 전 후스는 친구들에게 작별편지를 보냈는데 거기서 그는 재판을 담당한 인물들이 자신의 저서들을 읽는 것에 대해 매우 기쁘다고 했다. 이어 그는 악의를 품은 이들이 성서보다 더 열심히 책들을 읽으면서 이단시되는 것들을 찾고자 했던 것을 언급하면서 당시 기독교가 가지고 있던 문제점을 우회적으로 표현하고자 했다. 1415년 7월 6일 후스는 화형장으로 가면서 그의 저서들이 소각되는 것을 보았다. 형장에 도착한 직후 후스는 팔츠(Pfalz) 백작 루트비히(Ludwig)로부터 기존의 이단적 입장을 철회할 경우 화형 역시 중단될 수 있다는 제의를 받았지만 그는 '인정하지도 확인하지도 않는다(non convictus et non confessus).'라는 문구로 대응했다.

이에 따라 황제 대변인은 후스에 대한 화형집행을 명령했고 장작더미에 불이 붙여졌다. 이때부터 후스는 '살아있는 하느님의 아들 그리스도께서 저에게 자비를 베푸소서'라는 성가를 부르기 시작했는데 이것은 불길이 그의 얼굴을 가릴 때

후스의 화형

까지 계속되었다.[18] 후스가 처형된 후 그의 골분은 라인(Rhien) 강에 뿌려졌는데, 이것은 후스를 성인으로 간주하던 그의 추종자들에게 성유물의 어떠한 잔재도 남기지 않겠다는 콘스탄츠 공의회의 의도에서 비롯된 것 같다. 그런데 당시 기록에

---

18 후스재판에 대한 후스파의 기록은 그리스도의 십자가 처형과 유사한 이야기를 제공했다. "1415년 6월 7일 11시-이 날은 그 주의 여섯 번째 날이었는데-태양이 완전히 사라졌고, 촛불 없이는 미사가 진행될 수도 없었다. 이것은 후스가 공의회를 통해 가능한 한 빨리 처형되어야 한다는 많은 고위 성직자들의 마음에서 태양이신 하느님께서 사라지셨기 때문이다."

따를 경우 후스의 재판과 화형을 보기 위해 총대주교 3명, 23
명의 추기경, 106명의 주교, 그리고 28명의 왕과 대공 이외에
도 수백 명의 귀족들과 기사들이 참석했다. 약 1년 후인 1416
년 5월 30일, 같은 장소에서 후스의 절친한 친구이자 동료였
던 프라하의 예로님도 같은 화형을 당했다.[19]

후스의 처형은 체코인들의 강한 반발을 유발시켰고, 보헤
미아 지방에서는 혁명적 징후마저 나타나기 시작했다. 이 당
시 체코인들은 보헤미아 지방을 이단 지방으로 규정한 콘스
탄츠 공의회의 결정에 대해 크게 분노했다. 이에 따라 1415년
9월 2일 452명에 달하는 귀족들이 콘스탄츠 공의회의 결정을
거부한다는 결의문, 즉 '죄 없이 돌아가신 이웃을 회상한다'를
발표했고 후스의 가르침에 따라 보헤미아 지방에서 하느님의
말씀을 끝까지 수호하겠다는 입장도 밝혔다. 그리고 결의문
에서 귀족들은 3명의 대표를 선출한 후 이들로 하여금 보헤
미아의 종교문제를 감시하게 하고 보헤미아 지방에서 설교의
자유도 보장하겠다는 의지를 밝혔다. 또한 이들은 향후 제기
될 로마 교황청의 파문에 공동으로 대응하겠다는 입장을 천
명했을 뿐만 아니라 프라하 대학이 종교문제를 최종적으로
해결하는 법원역할을 담당해야 한다는 견해도 피력했다. 이
렇게 보헤미아 귀족들의 결의문이 발표된 이후 모라비아 지

---

19 예로님은 카렐 대학에서 공부하던 시기에 후스를 알게 되었다. 이 인물은 1398
    년 학사학위를 취득한 후 옥스퍼드 대학으로 유학을 가게 되었고 거기서 위클리
    프의 개혁사상도 접했다. 이후 그는 위클리프의 저서들을 프라하로 가져 온 후
    이것들을 후스에게 전달하여 그로 하여금 체코어로 번역하게 했다.

방 귀족들의 대대수도 결의문 이행에 적극적으로 동참하겠다는 의사를 밝혔다. 귀족 계층의 이러한 시도는 로마 교황청에 대한 공개적 도전 내지는 봉기의 신호로서 프라하 대학 교수들을 비롯한 사회 각 계층의 광범위한 지지도 점차적으로 받게 되었다.

양종제도의 도입

이 당시 후스의 지지자들은 영성체 의식에서 빵과 포도주의 양종제도를 도입했다.[20] 이후부터 포도주를 담는 성배(kalich; chalice)는 후스주의 운동의 상징으로 부각되었고 후스를 추종하던 후스주의자(husita; Hussite)들은 성배주의자(kališnctví; Calixtinism) 또는 양종주의자(utrakvismus; Utraquism)라고 부르게 되었다. 상황이 이렇게 진행됨에 따라 로마 교황청은 빵과 포도주의 양종을 불허한다는 교령을 1415년 7월 6일과 1418년 2월 28일 두 차례에 걸쳐 발표했다. 로마 교황청의 이러한 압박에도 불구하고 1419년 초반부터 프라하의 대다수 교회들은 체코어로 성찬식과 예배를 진행했고 지방에서도 그러한 현상이 점차적으로 확산되었다. 1419년 초반부터 바츨라프 4세는 양종주의를 추종하던 성직자들을 프라하에서 강제로 추

---

20 후스는 로마 교회가 주장하던 성찬식에서의 빵과 포도주가 예수 그리스도의 살과 피로 바뀐다는 것을 인정하지 않으려고 했다. 그는 빵과 포도주는 변하지 않는다는 잔류자기이론(Remanenztheorie)을 제시했는데 이것은 그가 위클리프의 영향을 받았기 때문이다.

방했고 로마교회의 성직자들로 하여금 설교를 담당하게 했다. 아울러 이 인물은 자신의 명령을 거부하는 성직자들을 체포·구금하는 강경책도 펼쳤다. 이에 따라 후스주의자들은 산악성지순례(pouty na hory)라는 방법을 활용했고 여기서 일부 성직자들은 예수 그리스도의 재림이 임박했기 때문에 과거와의 결별이 필요하다는 천년왕국설적인 주장을 펼치기도 했다. 1419년 7월 30일 얀 젤리프스키(Jan Želivský: ?-1422)가 주도하던 일련의 강경파 후스주의자들은 양종주의를 거부한 슈테판 교회를 공격했고 이어 프라하의 노베메스토(Nové Město)로 이동했다. 여기서 이들은 동료 후스주의자들의 석방을 요구하며 시위를 펼치다가 그것을 거절하는 시장과 판사를 창문 밖으로 던졌다. 이어 13명으로 구성된 시의회 배심원들 역시 창문 밖으로 내던졌는데 이들 중의 일부는 추락 후에도 살아남았지만 거리에 있던 시위대들에 의해 무참히 살해되었다.

이것을 지칭하여 제1차 프라하 창문 밖 투척사건(první pražská defenestrace)이라고 하는데 이 사건을 계기로 후스주의 혁명(husitská revoluce)은 본격화되기 시작했다.

프라하 4개 조항 프로그램

이러한 충격적 사건을 접한 바츨라프 4세는 실신했고 그 후 유증으로 인해 8월 16일 심장마비로 목숨을 잃게 되었다. 이에 따라 보헤미아 지방에서 혁명적 상황에 대응했던 세력들도 일시에 붕괴되었다. 그리고 이것은 후스주의자들로 하여

금 교회들을 습격한 후 교회 재산을 강제로 빼앗는 등의 비이
성적인 행동도 펼치게 했다. 이후 후스주의자들은 짧은 시간
내에 보헤미아 지방을 장악한 후 인접 지방들까지 그들의 영
향하에 놓이게 했다.

후스주의자들은 1420년 프라하에 모여 4개 조항으로 구
성된 이른바 '프라하 4개 조항 프로그램(čtyři pražské artikuly)'을
제시했는데 여기서는 하느님의 율법 정신에 따른 교회 및 사
회의 제 개혁이 거론되었다. 그것들을 살펴보면 첫째, 성체식
에서 성직자 및 일반 신도들 모두는 예수 그리스도의 살과 피
의 상징인 빵과 포도주를 먹고 마실 권리를 가지며, 둘째, 하
느님 말씀에 대한 자유스러운 설교권을 가지며, 셋째, 교회 소
유 재산을 강제로 몰수하고 세속 정치에 대한 교회의 영향력
을 배제시키며, 넷째, 성직자 또는 일반인들이 영혼의 구원을
받지 못할 죄를 범할 경우 모두를 엄중하게 처벌한다는 것 등
이었다. 그런데 후스주의 혁명가들은 이 개혁 프로그램을 보
헤미아 지방뿐만 아니라 유럽의 다른 지역까지 확산시키려
했지만 이것은 당시 상황에서는 거의 실현 불가능한 목표였다.

비록 후스주의자들이 '프라하 4개 조항 프로그램'에 대해
의견적 일치를 보였지만 이들은 통합된 상태가 아니었다. 실
제로 이 당시 후스주의자들은 일련의 귀족들과 프라하 대학
교수들이 이끄는 온건파, 대다수의 프라하 시민들과 보헤미
아 지방 내에서 다수의 지지자들을 확보한 중도파, 그리고 원
칙을 고집하던 급진파로 분리된 상태였다. 그리고 급진파들
중에서 동부 보헤미아파와 타보르파(táboři; Taborites)가 특히 많

은 추종자들을 거느렸는데 이 중에서 남부 및 남서부 보헤미아 지방을 기반으로 하고 있던 타보르파는 1420년 성서에서 차용한 타보르(Tabor)라는 이름의 도시를 건설하여 불완전한 인간의 법을 거부하고 오로지 하느님의 말씀을 따르는 '형제와 자매들'의 공동체적 삶의 터전을 건설하려고 했다. 이들은 당시 제시된 천년왕국설에 따라 타보르를 하느님 왕국의 중심지로 만들고, 절대 평등과 무소유의 공동체적 낙원으로 건설하려고 했다. 또한 이들은 자신들의 소유물 모두를 포기하고 기존의 가족관계를 단절할 경우 1420년 2월 14일부터 시작될 예수 그리스도의 성스러운 지배를 받게 될 천년왕국의 일원이 될 수 있다는 확신도 가지고 있었다. 이러한 확신은 보헤미아 지방민들, 특히 하층민들의 관심을 유발시켰고 이것은 이들의 발길을 타보르로 향하게 했다. 이렇게 타보르파의 세력이 크게 확산됨에 따라 이 파의 일부 성직자들은 '불과 검'으로 기존세계의 잔재를 강제로 제거해야 한다는 과격한 주장을 펼치기도 했다. 이후 타보르 내에서 엄격한 성직사회가 형성되었고 재산공유 및 종교적 관습의 근본적인 개혁도 요구되었다.

얀 지슈카의 활약

이 당시 대다수의 유럽 국가들은 후스주의를 이단으로 간주했고 그것에 따른 십자군 파병에 대해서도 동의했다. 십자군의 선두에는 신성로마제국의 황제이자 헝가리 국왕이었던 지기스문트와 로마 교황청이 나란히 섰다. 1420년 지기스문트는 자신이 바츨라프 4세의 동생임을 내세워 체코 왕위에 대한 권리를 주장했지만 후스주의자들은 그것에 대해 동의하지 않았다. 그렇지만 지기스문트는 모라비아, 슐레지엔, 그리고 라우지츠(Lausitz) 지방에서 자신의 통치권을 인정받는 성과를 거두었다. 교황 마르티노 5세(Martinus V: 1417-1431)와 지기스문트는 1420년, 1421년, 1422년, 1427년, 그리고 1431년 모두 다섯 차례에 걸쳐 십자군을 파견했다. 1420년 7월 10일부터 프라하를 향해 진격한 10만 대군의 십자군은 대부분이 독일인들로 구성되었지만 프랑스, 이탈리아, 헝가리에서 온 지원병들도 있었고, 영국에서 건너온 용병들까지 포함했다. 그

안 지슈카(Jan Žižka z Trocnova)

러나 이들은 7월 14일 프라하의 비트코프(Vítkov) 언덕에서 당시 불세출의 영웅으로 부각된 외눈박이 얀 지슈카(Jan Žižka z Trocnova: 1360-1424)의 후스주의군에게 대패를 당했다. 이후 비후스주의파 성직자들과 독일계 도시귀족들은 프라하를 떠나야 했고 이들의 저택과 재산은 후스주의군에 의해 몰수되었다. 이렇게 십자군을 격파하는 데 주도적 역할을 담당한 지슈카는 1370년 체스카 부데요비체(Česka Budějovice) 근처의 트로크노프(Trocnov)에서 태어났다. 성년이 된 이후 이 인물은 용병으로 활동했고 그 과정에서 전투도 많이 경험하게 되었다. 지슈카는 자신을 추종하던 세력을 잘 훈련된 병력으로 변형시켰고 이것으로 인해 유럽의 국가들은 그와 그의 후스주의군에 대해 두려움을 가지게 되었다.[21] 1422년 지슈카의 후스주의군은 동부 보헤미아의 니메츠키 브로드(Němecš Brod)에서 십자군을 다시금 격파했다. 그러나 이 인물이 1424년 흐라데치 크라로베(Hradec Kralove) 근처의 호레브(Horeb)에서 사망함에 따라 프로코프 홀리(Prokop Holý: ?-1434)와 프로코프 말리(Prokop Malý)

---

21 주로 농민들로부터 차출하거나 이들의 지원으로 구성된 오합지졸의 후스주의군을 무적군대로 바꿀 수 있었던 것은 지슈카 장군의 군사적 천재성에서 비롯되었다. 중무장한 기병대에 대항하여 농기구 등으로 경무장한 기동성이 뛰어난 후스주의군, 우마차를 체인 등으로 무장시킨 왜건 바리게이트 부대, 십자군의 기마를 겨냥한 곡사포, 기습공격과 지형지물의 효율적 활용 등이 지슈카 장군의 후스주의군을 무적군대로 만들었다. 후스주의군의 위력이 얼마나 가공스러웠는지는 제4차 및 5차 십자군 전투에서 후스주의군의 짐마차 소리와 후스주의군의 군가인 '그대 하느님의 전사들(Ktož jsú božu bojovníci)'이라는 찬송가를 듣기만 해도 십자군들이 혼비백산했다는 것에서 확인할 수 있다.

가 후스주의군을 통솔하게 되었다. 후스주의군은 1427년 서부 보헤미아의 타호프(Tachov)와 스트지브로(Stříbro)에서, 1431년 국경 도시인 도마줄리체(Domažlice)에서 십자군을 물리쳤다. 나아가 이들은 보헤미아 지방을 벗어나 슐레지엔, 작센, 브란덴부르크(Brandenburg), 프랑켄(Franken), 그리고 오스트리아의 여러 지방을 공략하기도 했다.

이흘라바 협약

상황이 이렇게 후스주의군에게 유리하게 전개됨에 따라 1433년 1월 지기스문트는 프로코프 홀리와 포스투피체(Postupice) 남작의 후스주의군과 바젤에서 협상을 펼쳤지만 양측 간의 협상은 순조롭게 진행되지 못했다. 특히, 교회재산 박탈 문제는 양측 간의 첨예한 대립을 유발시키는 요인이 되었다. 이런 와중에서 후스주의파 내부에서도 분열징후가 나타났는데 그것은 오랜 전쟁으로 피폐해지고 지친 대다수의 온건파 후스주의자들이 협상 타결을 지향한 반면, 타보르파와 동부 보헤미아파는 강경한 입장을 고수한 데서 확인되었다. 이후 양측은 무력 대결을 하게 되었고, 1434년 5월 30일 중부 보헤미아의 리파니(Lipany) 전투에서 보헤미아 지방 내 비후스주의 세력의 지원을 받던 온건파가 승리했다. 이에 따라 타보르파와 동부 보헤미아파는 빵과 포도주의 양종제도 도입으로 만족해야만 했다.

그로부터 2년이 지난 1436년 7월 5일 이흘라바(Jihlavá)에서 바젤 종교 회의 대표들과 체코 후스주의파 대표들 간에 이 흘라바 협약(Jihlavá kompaktáta)이 체결되었다. 이에 따라 후스주 의자들은 부분적 승리로 만족해야 했고 17년간의 전쟁 역시 종료되었다. 이흘라바 협약에서는 보헤미아 및 모라비아의 성인 남녀들이 후스주의 교회와 로마 교회 중에서 자신이 원 하는 종교를 선택할 수 있는 권리를 가지며, 후스주의 교회를 로마 교회의 한 부분으로 인정한다는 것도 명시되었다. 그러 나 후에 로마 교황이 협약승인을 거부함으로써 분쟁의 불씨 는 계속 남게 되었다. 협약이 체결된 후, 지기스문트는 체코 국왕으로 등극했고, 그 대신 교회 재산의 몰수, 소귀족과 도 시 대표들의 보헤미아 의회 진출, 보헤미아 의회에서 교회의 대표성 배제 등에 동의했다.

이제 보헤미아 지방에서는 후스주의 교회와 로마 교회라 는 두 종교가 한 나라에서 공존하는 그 때까지 유럽 기독교 역사상 전대미문의 상황이 전개되었고, 세속정치에 대한 교 회의 영향력이 배제되었으며, 의회에서 교회가 대표성을 상 실하게 됨에 따라 대귀족, 소귀족, 그리고 도시 대표들이 보헤 미아 정치를 주도하게 되었고 그것은 체코 왕국에서 귀족 정 치의 등장도 예견하게 했다. 또한 후스주의는 도시의 급격한 위상증대를 가져왔고, 또한 도시의 민족적 구성에도 변화를 끼쳤다. 프라하, 자테츠(Zatec), 쿠트나 호라(Kutná Hora) 등 후스 주의자들이 장악한 도시에서는 후스주의 전쟁 초기부터 독일 계 시민들이 도시를 떠나기 시작하여 이들 도시들의 보헤미 아화는 급속히 진행되었다. 특히 1436년에 체결된 바젤(Basel)

협약에 따라 귀족들과 도시민들은 로마교회에 대한 재산 몰수권도 가지게 되었고 이것은 이들의 경제적 위상을 크게 증대시키는 계기가 되었다. 그러나 후스주의 전쟁에 가장 커다란 공헌을 한 농민들은 전쟁으로 폐허가 된 자신들의 농토를 다시 개간해야 하는 부담만 진 채 더욱 농토에 예속되는 상황에 놓이게 되었다.

후스주의 혁명은 교회의 위상을 퇴조시키고 귀족 계층과 도시 계층을 부상시키면서 중세 봉건사회의 몰락을 재촉했고 그것은 새로운 사회의 도래도 예고했다. 그리고 이 혁명을 통해 자유에 대한 불굴의 신념도 부각되었다. 또한 사상 및 믿음의 자유에 대한 신념은 후스주의 혁명이 유럽 정신사에 남긴 불멸의 유산이 되었다. 비록 후스가 자신의 종교개혁에서 강조한 '하느님의 말씀은 성서를 통해서만 접할 수 있다.'라는 성서지상주의를 실천시키지 못했지만 그의 이러한 관점을 추종한 루터와 칼뱅이 주도한 종교개혁에서 완결되었다.

3. 루터의 종교개혁

면벌부판매

교황 레오 10세[22]는 면벌부판매(Ablaß: Indulgenyiae)를 시도했는데 그것은 성베드로 대성당의 바실리카를 재건하는 데 필요한 자금을 마련하기 위해서였다. 이 당시 로마 교황청은 면벌부를 자주 판매했는데 이렇게 판매된 면벌부는 한시적(temporal) 기능을 가진 것으로 이해되었다.[23] 즉 교황은 예수 및 성자들이 쌓은 공덕의 보고 중의 일부를 일반 신자들에게 주어 그들이 받을 죄의 일부를 면제시킬 수 있다는 것이다.[24]

---

22 레오 10세는 교황으로서 그리고 개인으로서 많은 오점을 남겼다. 이 인물은 충동적인 성향을 가졌고 변덕스럽고 복수심도 강했다. 또한 기획력과 판단력 역시 충분히 갖추지 못한 인물이었다.

23 초기교회에서의 면벌은 금욕, 기도, 고행 등을 수반했는데 이것은 면벌이 고통 속에서 이루어지는 것으로 이해했기 때문이다.

24 13세기 아퀴나스(T. Aquinas: 1224-1274)가 면벌에 대한 신학체계를 정립한 후 면벌은 급증했다. 그것에 따를 경우 기독교 신자는 사제에게 죄를 고백하고 사죄와 조언을 받은 후, 경우에 따라 정도 차이가 있겠지만 일정한 벌을 받게 된다. 하지만 이 벌은 교황이나 사제가 적절하다고 판단할 경우에만 면하거나 줄어 들 수 있다. 이를 지칭하여 '면벌', 또는 '대사(大赦)'라 하는데, 완전면벌(plenary in-dulgence)과 부분면벌(partial indulgence), 두 종류가 있다. 그런데 대다수의 면벌

그리고 이 당시 면벌부판매가 확산될 수 있었던 요인으로는 신자들이 경건의 필요성을 자각했다는 것과 성직자들이 금전적, 지배적 요구의 필요성을 인식한 것을 제시할 수 있을 것이다.

교황 레오 10세의 지시로 본격화 된 면벌부판매는 신성로마제국에서 집중적으로 이루어졌는데 그 이유는 당시 신성로마제국이 지방분권적 체제였다는 것과 당시 마인츠(Mainz) 대주교이자 마그데부르크(Magdeburg) 대주교였던 알브레흐트 (Albrecht v. Brandenburg: 1490-1545)가 면벌부판매에 대해 적극적인 호응을 보였기 때문이다.[25] 이 당시 알브레히트는 독일에서 면벌부판매권을 가지고 있었다. 그리고 이 인물은 마인츠 및 마그데부르크 대주교뿐만 아니라 할버슈타트(Halberstadt)의 행정관으로 여러 개의 직책도 동시에 가지고 있었는데 그러한 겸직은 원칙적으로 교회법을 위배하는 것이었다. 하지만 교황 레오 10세는 알브레흐트가 2만 4,000두카트(ducat)에 달하는 거액을 초입세(annatrs: 성직자가 임명된 첫 해의 수입을 교황에게 바

은 부분면벌이었기 때문에 고해사제가 죄의 경중에 따라 금식, 기도문, 암송, 순례 등의 행위를 하게끔 부과된 참회고행을 신자가 이행해야만 경감된다. 그리고 이생에서 마치지 못한 잠벌은 연옥에서 대신 대가를 치러야 한다. 면벌을 주는 관행은 초기 기독교 시대로 거슬러 올라가며 9세기부터는 종종 서면으로 발부되었다. 그리고 완전면벌의 기회였던 회년은 원래 100년마다 찾아왔으나 점차 그 기간이 50년, 30년, 25년으로 단축되었다. 완전면벌의 범위 역시 교회건축, 예루살렘 성지 순례 등으로 확산되었다. 심지어 신성로마제국 황제 카를 5세 (Karl V)는 해양방파제 건설에 필요한 기금을 마련하기 위해 면벌부 설교회를 개최하려고 했다.

25 이 당시 선제후들은 관세권, 화폐주조권, 그리고 징세권 등을 가지고 있었다.

테첼의 면벌부판매

치는 것)로 납부함에 따라 그러한 위법행위에 대해 더 이상 거론하지 않기로 했다.[26] 그러나 알브레흐트는 이러한 거액을 푸거(Fugger)가에서 빌렸기 때문에 거액 채무자가 되었다.[27] 따라서 이 인물은 가능한 한 빠른 시일 내에 빚을 갚고 나아가

---

26 1284년 베네치아(Venezia) 공화국에서 최초로 주조된 두카트는 제1차 세계대전 이전가지 전 유럽에서 통용된 금화 또는 은화단위를 지칭한다.
27 이 당시 레오 10세는 알브레흐트에게 푸거 가문으로부터 대출받을 것을 권유했다.

많은 재산을 축적하기 위해 독일에서 판매된 면벌부판매 액수의 절반을 자신이 차지하는 편법도 발휘했다.[28] 실제적으로 면벌부판매권을 획득한 알브레흐트는 면벌부판매가를 임의적으로 책정하여 도미니크 수도사이자 열정적인 설교자인 테첼(J. Tetzel: 1465-1519)에게 주었고, 그는 이 가격표에 따라 면벌부를 판매했다.[29] 알브레흐트가 책정한 판매가에 따를 경우, 군주, 제후, 그리고 주교들에게는 25라인굴덴(Rhein Gulden), 백작, 고위 성직자, 그리고 귀족들에게는 10라인굴덴, 수입이 적은 귀족들에게는 6라인굴덴, 도시민과 시민들에게는 3라인굴덴, 수공업자들에게는 1라인굴덴을 납부케 했다. 테첼은 면벌부판매를 증대시키기 위해 면벌부에 대한 왜곡적인 해석도

---

28 아우구스부르크(Augusburg) 상인출신으로 당시 유럽 금융업을 장악했던 야코프 푸거는 독일 황제 선출에서 카를 5세를 지지했다. 그리고 이 당시 푸거는 교황청에 막대한 자금을 빌려주었을 뿐만 아니라 면벌부판매 대금도 실질적으로 관리했다. 이렇게 푸거가가 면벌부판매에 직접적으로 관여함에 따라 이 가문은 메디치 가문보다 무려 5배 이상의 재산을 축적할 수 있었다. 이 당시 시민 계층은 교황청에 대한 푸거가의 밀착행보에 대해 불만을 가지고 있었는데 이것은 교황에 대한 분노로도 이해할 수 있을 것이다.

29 테첼이 어떤 마을에 도착하기 몇 주 전 그의 측근들은 마을 사람들에게 그의 도착을 미리 알렸다. 또한, 이들은 마을 사람들에게 어느 정도의 돈을 부과할 수 있는지를 알기 위해 그 지역의 재정적 상황도 파악하고 정리했다. 정해진 날에 테첼은 트럼펫과 북의 화려한 연주와 더불어 마을에 입성했고, 그를 뒤따라 교황청의 문양과 깃발로 가득 찬 행렬도 이어졌다. 이어 테첼은 마을 광장에서 지옥과 그곳에서의 공포에 대해 생생하게 설교한 후 그 마을에서 가장 큰 교회로 들어가 연옥에 대해서 그리고 죽은 친척들과 가족들이 겪는 고통에 대해 마찬가지로 설교했다. 연옥에서 고통을 얼마나 겪어야 하는가를 결정하는 요소는 죽은 사람의 죄뿐만 아니라 살아있는 그의 친지들이 그에게 보이는 사랑이라고 테첼은 역설했다. 그런데 이러한 면벌부판매는 작센지방에서 집중적으로 이루어졌다.

마다하지 않았는데 그것은 '면벌부를 사는 사람들 모두가 그들이 저지른 죄는 물론 미래의 죄까지 면죄 받을 수 있을 뿐만 아니라 부모 및 인척의 죄까지도 면죄된다(*Ablassbriefe sollen den Gläubigen einen dem Geldbetrag entsprechenden Erlass zeitlicher Sündenstrafen im Fegefeuer für sie oder für bereits gestorbene Angehörige bescheinigen*).'는 것이었다.[30]

성직자로서의 활동

테첼의 설교는 면벌부를 구입하기만 하면 사제에게 죄를 고할 필요가 없다는 식으로 사람들을 오도했다. 이러한 논리에 대해 루터(M. Luther: 1483-1546)는 동의하지 않았고 그것은 그로 하여금 면벌부판매의 부당성을 공개적으로 지적하고 종교개혁도 주도하게 했다. 이 당시 루터는 인간의 죄와 벌을 사면할 수 있는 은전은 오직 하느님에게만 있다고 믿었다. 그리고 이 인물은 교회가 면벌부 이론을 정당화시키기 위해 도입한 '공로의 보고'에 대해서도 부정적인 입장을 표방했다. 그에

---

30 교황청대리인이자 푸거은행의 직원이었던 테첼은 면벌부의 위력을 다음과 같이 과장하기도 했다.
"면벌부는 신이 주신 가장 귀중한 선물이다. 내가 그대들에게 도장을 찍어 증서를 주면 그대들이 지은 모든 죄는 용서될 것이다. 이 세상에서 면벌부로 사하지 못할 죄는 없다. 심지어 성모 마리아를 욕되게 한 죄도 모두 용서 받을 수 있을 것이다. (…) 당신들을 낳아주고 길러주신 부모, 친척들이 연옥의 불구덩이에서 울부짖는다. 당신들은 약간의 돈으로 그들을 구할 수 있는데 왜 그것을 하지 않는가? 그들은 당신들의 도움을 간절히 기다리고 있다."

따를 경우 '공로의 보고'는 성서에 토대를 두지 않았기 때문에 인정할 수 없는 이론에 불과하다는 것이었다.

루터는 1483년 11월 10일 작센 선제후국(Kurfürstentum Sachsen)의 아이스레벤(Eisleben)에서 태어났다.[31] 아버지 한스 루더(H. Luder)는 원래 농부였으나, 구리제련소(Kupferschieferbergbau)를 운영하면서 상당한 재산을 모았다. 이후 그는 지역 시의회 의원(Ratsherr)으로 활동하게 되었다. 루터가 14살이 되던 1497년 루터의 아버지는 그를 마그데부르크(Magdeburg)로 보냈고 거기서 공동생활 형제단이라는 경건한 평신도 종교기관이 운영하는 학교에서 공부하게 했다. 이후 아이젠나흐가 루터의 학업장소로 등장했는데 여기서의 공부가 끝날 무렵 그의 재능을 인지하고 후원하려는 선생님들도 나타났다. 이들은 루터에게 라틴어 고전과 역사를 지도했으며, 이것은 루터에게 평생 지속될 깊은 인상과 즐거움도 가져다주었다. 이 당시 루터의 부친은 자신의 아들이 명예와 부, 권력을 얻을 수 있는 법률가가 되기를 원했다.[32] 이에 따라 루터는 1501년 4월에 르푸르트(Erfurt) 대학의 자유 예과(artes liberales) 7과목, 즉 문법, 수사(Rhetorik), 변증(Dialektik)의 세 과목(Trivium)과 산술, 음악, 지리, 천문의 네 과목(Quadrvium)을 공부하는 인문학부에 등록했다. 왜냐하면 이 과정을 이수한 학생만이 그다음 학과인 신

---

31 루터는 그 시대의 관례에 따라 출생한 날의 성인인 마르틴(Martin)이라는 이름으로 세례를 받았다.
32 이 당시 루터의 아버지는 루터가 학업을 마친 후 도시정부나 제후의 관리로 활동하기를 기대했다.

학, 의학, 법학을 공부할 수 있기 때문이다. 루터는 1502년 9월 문학사 학위를, 1505년 1월에 17명의 동기 중 차석으로 시험에 통과하여 문학 석사학위(Magister Artium)를 받았다.[33] 이 당시 에르푸르트 대학의 학문적 경향은 새 길(*via nova*), 즉 오캄(W. Okham: 1288-1348)의 유명론(Nominalismus)적인 인식론에서 비롯되었다. 이러한 관점에 따를 경우 실재는 개별적인 것이거나 경험되는 것이며, 실재의 틀을 묘사하려는 보편개념들은 정신내적인, 즉 우리의 사고 속에서만 존재하는 것이라 했다. 루터는 이 당시 '성서적 진리와 자연이성을 구분하는 법을 배웠다.'라고 회상했다.

인문 학부를 마친 루터는 아버지의 희망에 따라 1505년 법학부(Jurisprudenz)에 입학했다. 법학을 공부한 지 얼마 안 되어 루터는 인생의 전환을 가져온 충격적인 경험을 하게 되었다. 같은 해 7월 2일, 그는 만스펠트(Mansfeld)에 있는 부모의 집을 방문하고 학교로 돌아오는 길에 스토테른하임(Stottern-heim)에서 커다란 폭우를 만났다. 번개가 그가 지나던 옆 숲을 때렸다. 그는 죽음의 공포에 휩싸인 채 땅에 납작 엎드려 자신도 모르게 광부들의 수호신인 안나(Anna)에게 도움을 요청했다.[34] 그리고 그는 알 수 없는 힘에 이끌려 수도사(Mönch)가 되기로 서원하기도 했다(성녀 안나여! 저를 도와주십시오. 그러면 저는 수도사가 되겠습니다(*Heilige Anna, hilf! Lässt Du mich leben, so will*

---

33 이로써 루터가문에서 최초의 대학졸업자가 탄생했다.
34 안나는 마리아(Maria)의 어머니였다.

ich ein Mönch werden!)). 그는 자신이 행한 서원에 대해 많은 고민을 한 끝에 7월 17일 에르푸르트 아우구스티누스 은둔 수도원(Kloster der Augustinereremiten)에 들어가기로 했다. 그는 번개 치듯 갑자기 닥칠 죽음과 그 이후의 심판을 준비하는 길은 수도사가 되는 길밖에 없다고 생각했던 것이다. 아버지는 자신의 기대를 저버리고 수도사가 되려는 루터를 강하게 질타했지만 루터는 자신의 결심을 포기하지 않았다.

수도원에서 루터는 구원을 얻기 위해 혼신의 노력을 펼쳤다. 새벽 2시부터 시작되는 여섯 차례의 예배 사이에, 루터는 기도, 명상, 그리고 영적 훈련 등에 많은 시간을 할애했다. 그리고 이러한 일들은 루터가 자신을 절제하고 하느님께서 그를 받으시게끔 열정적으로 노력했던 과정에서 파생된 것이라 하겠다. 루터는 살아가면서 육체적으로 심한 고통에서 벗어나지 못했는데, 그 원인은 석조의 독방에서 이불도 없이 오랫동안 금식하고, 스스로를 채찍질하며, 수시로 밤을 지새우던 수도원 생활에서 찾아야 할 것이다. 실제로 루터는 하느님의 호의를 받기 위해 스스로를 완벽하게 만드는 일에 치중했는데 이것은 동료 수도사들도 겪어야 하는 어려운 과정이었다. 이 당시 수도원에서는 내면적 성찰을 중요시 했고 그 과정에서 수도사들은 양심을 검사하면서 "내가 하느님을 위해 진정으로 최선을 다했는가?" 또는 "하느님께서 주신 능력을 내가 완전히 사용했는가?"라는 질문을 던지곤 했다. 실제로 수도사 루터는 엄격한 금욕적 수행을 통해 내면적 자아성찰을 하는 데 혼신의 노력을 기울였다. 그러나 그는 그러한 과정을 통해 마음의 평화를 경험한 것이 아니라 오히려 영적인 시련 만을 겪었다. 즉 그는 수도사가 되기 이전보다 하느님의 심판에 대해 더 많은 공포를 가지게 되었던 것이다. 그럼에도 불구하고 1507년 2월 3일 그는 에르푸르트 성당에서 사제(Priester)로 서품되었다. 수도원장은 신부로 서품된 루터에게 신학에 대해 더 공부할 것을 명했다. 1508년 가을 루터는 비텐베르크에 있는 아우구스티누스 은둔 수도원으로 자리를 옮겨 그곳에서 생활하며 학업을 계속했다.[35] 1509년 3월 성서학 학위(*Baccalaureus biblicus*)를 받은 후, 그는 다시 에르푸르트로 돌아왔다. 같은 해 가을 루터는 신학을 강의할 수 있는 신학사(Sententiarius) 자격도 획득했다. 1510년 11월 루터는 수도원 내 다른 동료들과 함께 수도회 독일지부 주교 총대리(Augustiner Generalvikar)였던 요한 폰 스타우피츠(J. v. Staupitz: 1470-1524)의 명을 받고 로마로 파견되었다. 이 당시 스타우피츠는 규율을 좀 더 강화시키는 방향으로 수도회를 개혁하려고 했다. 그러나 로마에서 개최된 수도원 총회에서 루터와 스타우피츠의 주장은 수용되지 않았다. 4주간 로마에 머무르는 동안 루터는 르네상스의 현란한 예술과 로마 성직자들의 세속화와 타락에 대해 환멸도 느꼈다. 그럼에도 불구하고 그는 순례자의 규칙에 따라 로마에 있는 7교회를 방문하면서 거기에서 제공하는

---

35 이 당시 작센 선제후국의 수도였던 비텐베르크에는 약 2,500명이 살고 있었다. 루터가 비텐베르크에 도착했을 때 프리드리히 3세(Friedrich III: 1463-1525)가 작센 선제후국을 통치하고 있었다.

은총의 수단을 구하고자 했다. 루터는 자신의 상관이자 고해 신부인 스타우피츠의 요구에 따라 1511년 초에 비텐베르크로 돌아왔다. 그는 그곳 수도원의 담당 설교자로 활동하면서 신학박사 취득에 필요한 과정도 이수했다. 이 당시 스타우피츠는 수도원 업무 때문에 자신이 감당할 수 없었던 성서학 교수직을 루터에게 넘겨주었는데 이것은 초기 루터 생애에 결정적인 전기를 가져다주었다. 실제로 루터는 이때부터 집중적인 성서주해를 통해 스콜라 신학의 껍질을 하나씩 벗겨낼 수 있었다.

95개조의 반박문

1512년 신학 박사학위(Doktor der Theologie)를 취득한 루터는 같은 해 비텐베르크 대학의 신학교수(Bibelauslegung; 성경해석)로 임명되었다. 이후 수도생활과 대학에서의 신학연구 과정을 거치면서 루터는 오직 신의 은총에 의해서만 구원받을 수 있다는 사실을 확신하게 되었다. 즉 그는 죄악에 빠진 인간이 스스로 선을 행할 수 없다는 것을 인지했던 것이다. 그에 따를 경우 인간은 자신의 이익만을 추구하며 스스로를 교만하게 하는 선행을 하면서 스스로의 구원을 위해 노력 중이라고 믿게 되는데 그것은 그만큼 더 구원에서 멀어지는 잘못된 방법으로 자신을 위로하는 행위에 불과하다는 것이다. 여기서 루터는 하느님의 속죄자이신 예수 그리스도가 당신의 정의로 인간을 감싸며 죄인도 용서하신다는 주장을 펼쳤다. 따라

루터의 95개조 반박문

서 의인으로 인정받는 동시에 죄인인 인간은 믿음 안에서 하느님께 자신을 위임해야 한다는 것이 바로 루터의 관점이었다.[36]

1517년 10월 31일 루터는 면벌부판매의 부당성을 지적하는 '95개조의 반박문(95 lateinische Thesen gegen den Missbrauch des

---

[36] 이 당시 루터에게 결정적인 영향을 준 성경 구절은 '로마서' 1장 16절과 17절이었다. 이후 루터는 '기독교인의 자유'에서 다음을 언급했다. "기독교인들은 믿음 하나로 충분하다. 의롭게 되기 위해서는 따로 선행할 필요가 없다. 이렇게 할 때 이들은 율법에서 풀려나 자유롭게 될 것이다. 그러나 이들은 이것으로 게으르거나 흐트러져서는 안 될 것이다. 선한 일이 사람을 선하게 만들지는 않지만 선한 사람은 항상 선한 일을 한다."

Ablasses)'을 라틴어로 작성하여 비텐베르크 궁성교회(Schlosskirche) 출입문에 게시했다.[37] 이에 앞서 그는 자신의 반박문을 독일 내 신학자들에게 보내 그들의 반응을 관찰하려고 했는데 여기에는 향후 그와 논쟁을 펼칠 에크(J. M. v. Eck: 1486-1543)와 에라스무스(D. Erasmus: 1466-1536) 등도 포함되었다. 루터의 95개조 반박문 중에서 중요한 것들을 언급하면 다음과 같다.[38]

> 제1조: 우리들의 주인이자 스승이신 예수 그리스도가 '무엇이든 회개하라(마태복음 4장 17절)'고 말씀하셨는데, 그것은 기독교신자들의 생애 모두가 회개되기를 바라셨기 때문이다.
>
> 제2조: 회개의 의미를 교회의 절차, 즉 사제의 주도로 진행되는 고해나 단식, 기부, 기도, 순례와 같은 속죄 행위로 이해해서는 안 될 것이다.
>
> 제5조: 교황은 자신의 직권 또는 교회법의 위세로 부과된 형벌 이외에 대해서는 용서할 힘이나 뜻도 가지지 못한다.
>
> 제18조: 연옥에 있는 영혼들이 공덕을 벗어난 상태, 즉 사랑

---

37 1517년 여름 루터는 추기경 알브레흐트로부터 'Instructio Summarium' 받았는데 거기서는 신성로마제국의 여러 지방을 순회하는 면벌부판매자(Ablassprediger)들에 대한 지침이 거론되었다. 이에 앞서 루터는 이미 1년 전부터 면벌부판매에 대한 반대 입장을 공개적으로 표명했다.

38 루터는 자신의 항의문에서 면벌부판매의 부당성을 다음과 같이 언급했다. "교황의 면벌부를 통해 모든 죄로부터 벗어날 수 있다고 하는 것은 사람들을 기만하는 행위에 불과하다. 아울러 이러한 언급은 교회가 죄를 범하는 것으로도 볼 수 있을 것이다."

이 성장할 수 없는 상태에 있다는 것은 성서에서도 입증되지 않는다.

제20조: 교황이 '모든 죄의 완전한 사면'을 언급할 때 그것은 단순히 모든 죄의 완전한 용서를 뜻하는 것이 아니라 그 자신이 부과한 죄의 사면만을 의미하는 것이다.

제21조: 면벌부를 판매하는 설교자들이 교황의 면벌부로 모든 형벌에서 벗어날 수 있다고 주장하는 것은 잘못이다.

제22조: 교황은 연옥에 있는 영혼에게 어떠한 벌도 면제해 주지 못하기 때문에 교회법에 따라 속세에서 벌을 받아야 한다.

제27조: 이들은 돈궤 속에 금화가 딸랑 소리를 내며 떨어지는 순간 죽은 자의 영혼이 연옥에서 뛰쳐나온다고 했지만 이것은 사실이 아니다.

제32조: 면벌부로 자신의 구원이 확실하다고 믿는 사람은 그것을 언급하는 사람들과 같이 영원한 저주를 받을 것이다.

제35조: 금전으로 연옥에서 영혼을 구원하려고 하거나 또는 고해특권을 사려고 하는 사람은 회개할 필요가 없다고 가르치는 사람은 비기독교적인 교리를 설교하는 자이다.

제36조: 진심으로 회개하는 기독교도들은 면벌부 없이도 벌이나 죄로부터 벗어날 수 있다.

제43조: 가난한 사람들을 지원하고 이들에게 필요한 것들을 빌려주는 것이 면벌부를 받는 것보다 선한 일이라는 것을 기독교도들에게 가르쳐야 한다.

제45조: 도움을 필요로 하는 이웃을 등한시하면서도 면벌부 구입에 신경을 쓰는 것은 오히려 하느님의 노여움만 유발시킨다는 것을 기독교도들에게 가르쳐야 한다.

제47조: 면벌부를 사는 것이 강요가 아닌 자유로운 의지에서 비롯되어야 한다는 것을 기독교도들에게 가르쳐야 한다.

제52조: 비록 면벌부판매 대리인이나 교황이 직접 나서서 그들의 영혼을 걸고 면벌부의 효용성을 보증한다 하더라도, 면벌부를 통해 구원받으리라는 것을 믿어서는 안 될 것이다.

제62조: 하느님의 영광과 은총의 가장 거룩한 복음이 교회의 참 보고이다.

제65조: 복음이라는 보배는 일찍이 재산을 소유한 사람들을 낚았던 그물이다.

제66조: 면벌부라는 보배는 오늘날 사람들의 재산을 낚는 그물에 불과하다.

제71조: 교황의 면벌부에 관한 진실을 올바르게 말하지 않는 자는 파문당하고 저주받게 해야 한다.

제72조: 면벌부 설교자들의 욕망과 방종에 대항하는 자는 축복을 받아야 한다.

제86조: 오늘날 최고의 부자보다도 더 부유한 교황이 무슨 이유로 성 베드로 성당을 재건하는 데 자신의 돈을 사용하지 않고 가난한 신자들의 돈에 의지하려고 하는가?

제89조: 교황의 마음이 금전보다 여러 사람들을 죄에서 구

하는 데 있다면, 어째서 그 이전에 면벌부를 산 사람들
에게는 아무런 효험도 없을까?

제93조: 십자가가 없는데 기독교도들에게 '십자가, 십자가'
라고 말하는 예언자들 모두를 추방해야 한다.

제94조: 기독교도들에게 고통과 죽음 및 지옥에 직면해서도
그들의 머리가 되는 그리스도를 추종하기를 권유해야
한다.

제95조: 기독교도들에게 위안보다는 오히려 많은 고난을 통
해 천국으로 갈 수 있다는 인식을 가지게 해야 한다.[39]

루터의 항의문은 곧바로 독일어로 번역·출판되어 독일
전역에 유포되었다.[40] 여기서 그는 형식상으로는 성서지상주
의(*sola scriptura*), 내용상으로는 신앙지상주의를 지향했다. 즉
그는 믿음(*sola fide*)과 신의 은총(*sola gratia*)을 통해 인간은 영생
의 축복을 얻을 수 있다는 관점을 피력했던 것이다. 아울러
그는 신앙을 중요시하고 그 유일한 근거로 성서를 제시했다.
이러한 논리전개에서 루터는 7성사 중에서 세례(Taufe), 미사,

---

39 교구민들의 영혼을 염려하는 목회적 책임감 때문에 루터는 이미 두 차례의 설
교, 즉 1516년 10월 31일과 다음 해 2월의 설교에서 면벌부판매의 부당성을 지
적한 바 있었다. 아울러 그는 1517년 10월 31일 마인츠의 대주교 알브레히트에
게 면벌부판매의 부당성을 지적한 95개조의 반박문도 제출했다.

40 만일 이러한 신학적 논쟁이 1세기 전에 발생했다면 그것은 교회 내의 문제에서
벗어나지 못했을 것이다. 그리고 라틴어로 쓰여진 루터의 반박문은 독일어로 번
역되어 라인 강, 도나우 강 유역까지 전파되었다.

그리고 성체배령(Abendmahl)만을 인정하려고 했던 것이다.[41]

지금까지 신과 인간의 중재자 역할을 담당했던 교회는 루터의 이러한 표명으로 어려운 상황에 놓이게 되었다. 실제로 루터의 관점에서 볼 때 교회는 믿음의 결합체에 불과했다.

종교개혁의 당위성 옹호

교회 정화를 목표로 한 루터의 희망과는 달리 그의 행위는 교회에 대한 전면적인 도전으로 간주되었다.[42] 로마의 도미니크 교단(Dominikanerorden)이 루터의 이교도적인 행위를 지적하고 비판함에 따라 루터에 대한 이교도 소송이 1518년 10월 12일부터 14일까지 아우구스부르크(Augusburg) 제국의회에서 개

---

41 7성사(sacrament)는 성세(baptism), 견진(confirmation), 성체(holy eucharist), 고백
(penance), 병자성사(extreme unction), 신품(holy orders), 그리고 혼인(matrimony)
을 지칭한다. 성세는 갓난아이가 원죄로부터 정화되는 성사이다. 견진은 어린아
이가 12세가 되었을 때 기독교를 본인이 직접 받아들여 강하고 완전한 기독교도
가 되도록 하는 의식이다. 성체는 성사 중 가장 중요한 것으로서 그 의식에서 성
변화의 기적을 통해 빵과 포도주가 그리스도의 몸과 피로 되는 것이다. 성체성
사를 위해 마련된 미사와 같은 의식이 발전되고 또한 화려한 대교회가 건립되었
다. 고백은 성세 후 지은 죄를 용서받는 성사이며, 병자성사는 임종 직전 신도에
게 죽음에 대해 준비를 시키며 남은 죄를 씻어주는 성사이다. 신품은 신부가 되
는 의식으로서 성체성사를 행할 수 있는 힘을 준다. 루터가 인정한 세례 및 성찬
역시 그에 따를 경우 하늘의 은총에서 비롯되는 초자연적 효력을 가지지 못한다
고 했다.
42 그러나 루터는 부세르(M. Bucer), 부겐하겐(J. Bugenhagen), 브렌츠(J. Brenz), 그
리고 프랑크(S. Brancke) 등과 같은 당대의 학자들로부터 지지를 받게 되었다.

최되었다.[43] 이에 앞서 로마 주재 아우구스티누스 은둔 수도회 총책임자는 루터에 대한 소송보다는 루터의 본래 의도처럼 면벌부 논쟁을 신학적인 토론방식으로 해결하고자 했다. 따라서 스타우비츠는 1518년 4월 26일 하이델베르크에서 개최되는 아우구스티누스 은둔 수도회 총회에서 루터로 하여금 자신의 입장을 밝힐 것을 요청했다. 이렇게 해서 그 유명한 루터의 하이델베르크 논쟁이 이루어졌다. 하이델베르크에서 루터는 자신의 상급자들에 의해 압도된 것이 아니라 오히려 자신의 신학적 관점을 표출할 수 있는 기회를 제공받았다. 여기서 루터는 스콜라 신학자들의 '영광 신학(theologia gloriae)'과 대칭시켜 자신의 신학을 '십자가 신학(theologia crucis)'이라고 지칭했다. 또한 그는 '하느님의 비가식적인 것들을 통해 이해하고 인식하는 사람이 신학자가 아니라, 십자가와 고난을 통해 하느님의 일을 인식하고 이해하는 사람이 신학자이다.'라는 견해도 제시했다. 또한 그는 십자가 신학이 없다면 사람들은

---

43   도미니크 교단은 에스파냐의 성 도미니쿠스(1770-1221)가 1216년 교황 인노첸시오 3세(Innocent III: 1198-1216)의 인가를 받아 설립했다. 이 교단은 특히 이단과의 싸움 및 유대인과 무슬림의 개종에 대해 매우 헌신적이었다. 그런데 이 교단은 설교와 공개토론으로 목적달성을 지향했기 때문에 자연히 지적 성향을 띄게 되었다. 실제적으로 도미니크 교단 소속의 많은 수도사들은 유럽 여러 대학에서 교수로 활동했으며 철학과 신학발전에도 크게 기여했다. 13세기 가장 영향력 있는 사상가로 간주되었던 토마스 아퀴나스 역시 토미니크 교단의 수도사였는데 이 인물은 자신의 신학적 목적이 '이교도', 즉 모든 비기독교도를 개종시키는 것이라고 했다. 이러한 관점을 수용한 도미니크 교단은 법적절차를 통해 완고한 이단자를 다루어야 한다는 관점을 피력했고 그것에 따라 중세 종교재판소를 주도하게 되었다.

가장 선한 것을 가장 나쁘게 오용한다고 했다. 이러한 논쟁을 통해 루터는 적대자들을 설득시킬 수 없었지만 그는 남부 독일 출신의 젊은 신학자들의 지지를 받게 되었다.

아우구스부르크 제국의회에서 루터는 로마교황 레오 10세가 파견한 카예탄(T. Cajetan de Veto: 1469-534) 추기경을 만났는데 이 인물은 루터가 자신의 주장을 철회하지 않고 용서를 구하지 않는다면 그를 투옥한 후 심문하라는 교황청의 지시를 이미 받은 상태였다. 카예탄과의 독대 과정에서 루터는 면벌부판매의 법적근거에 대해 이의를 제기했다. 이에 대해 카예탄은 '1343년에 제정된 교황의 면벌법(Ablaß mit dem Papstgesetz)은 교회법상 정당할 뿐만 아니라 공의회 및 모든 교회에 대한 교황권의 절대적 권위 역시 지속적으로 발휘할 수 있다.'라는 관점을 피력했다. 그러나 루터는 이러한 관점에 대해 동의하지 않았다. 아울러 그는 '교황이 실수를 범할 수 있고 교황의 권위 역시 일반 공의회에 종속되어 있다'라는 입장을 밝혔다.

이러한 로마 교황청의 공식적인 압박에도 불구하고 루터는 1519년 7월 당시 저명한 신학자였던 에크와의 공개논쟁(Disputation)을 라이프치히(Leipzig)의 플라이센베르크(Pleissenberg)에서 펼쳤고 그 이후부터 자신의 입장을 더욱 확고히 하게 되었다.[44] 에크는 루터와의 토론에서 '교황의 권위(Papstautorität)가 하늘에서 내려왔는가, 아니면 단순히 인간의 속성인가'라는

---

44 교회의 입장을 대변했던 에크는 잉골슈타트(Ingolstadt) 대학의 교수 겸 부학장이었다. 그는 1530년 제국의회에 '오류(Irrtümer)'라는 선집을 제출했다.

독일 기독교 제후에게 고함

위험한 질문을 했다. 이에 루터는 로마의 주교(교황)에게 복종하지 않는 그리스 정교회를 제시했다. 그러나 에크는 공개논쟁에서 루터를 후스와 같은 부류로 몰아붙이는 데 성공했다. 이에 루터는 보헤미아의 이단자들로부터 자신을 멀리하기는커녕 오히려 한 걸음 더 가까이 나아갔다. 즉 그는 후스와 그의 추종자들이 유죄판결을 받았던 교리들 중에 "많은 것들이 진정 그리스도교적이고 복음적이기 때문에 그것들에 대해 보편교회는 비난할 수 없다."라는 입장을 천명했던 것이다. 이후부터 그는 교회와의 결별을 결의하고 종교개혁자로서의 자세를 취하기 시작했다. 다음 해 루터는 3편의 논문을 발표하여 교회에 결정적인 타격을 가했다. 발표된 3편의 논문에서 루터는 자신의 반박문을 이론적으로 옹호하려고 했다. 과격한 구어체 독일어로 작성된 '독일 기독교 제후에게 고함(An den christlichen Adel deutscher Nation von des christlichen Standes Besserung)'이란 논문은 1520년에 발표되었는데 여기서 루터는 성직이 반드시 신성하지 않다는 주장을 펼쳤을 뿐만 아니라 독일 제후들은 독일을 로마 교황청으로부터 해방시켜 교회의 재산 및 토지를 접수해야 한다는 견해도 제시했다.[45] 즉 그는 교회가 스스로 개혁할 능력이 없을 경우, 황제나 독일의 제후들이 세례 받은 기독교도의 자격으로 교회를 개혁할 수 있음을 천명한 것이다.[46] 여기서 그는 일련의 정치적인 개혁안도 제시했는데 그것을 살펴보면 첫째, 성직자뿐만 아니라 일반인들에게도 교육의 기회를 제공해야 한다. 둘째, 독신 및 교회 국가를 철폐해야 한다. 셋째, 부채의 이자를 제한해야 한다. 넷째, 구걸을 금지시키고 빈민 계층을 위한 빈민수용소를 국가 차원에서 설치해야 한다는 것들을 들 수 있다.[47] 이어 그는 '교

---

45 이 글은 초판 닷새 만에 4,000부가 팔렸으며 곧바로 16판을 찍을 정도로 사회적 관심을 유발시켰다.

46 이 과정에서 루터는 세속 제후들에게 무력적 방법(via facti)을 사용해도 된다는 정당성을 부여했다.

47 루터는 성직자의 독신철폐를 주장하면서 다음을 언급하기도 했다. "성서에 따를 경우 사제는 훌륭한 인물로 학식을 갖추고 한 여인의 남편이어야 한다. 기독교가 로마의 권력자들로부터 핍박받을 때 죽음을 두려워하지 않는 용기가 필요했

회의 바빌론유수(Von der babylonischen Gefangenschaft der Kirche: *De cap-tivitate Babylonica ecclesiae*)'에서 교회의 성례전을 비판했다. 교회는 성례전의 효력을 거룩한 교회와 사제의 권위에 두었다. 이에 반해 루터는 '성례를 성례답게 만드는 것은 오직 하느님의 말씀과 신자 개개인의 믿음뿐'이라고 주장했다. 또한 그는 성서에 의해 확실히 뒷받침되는 세례와 성만찬만을 성례전으로 인정했고, 참회는 제한적 의미에서만 성례전이라고 보았다. 그 이외의 혼인, 신품, 견진, 그리고 도유성사는 성례전으로 수용하지 않았다. 나아가 루터는 세례와 성만찬조차도 교회의 오랜 전통 속에서 심각하게 면모되었기 때문에 이 잘못된 성례전의 포로에서 벗어나야 한다고 역설했다. 루터는 성만찬과 관련하여 세 가지 속박을 언급했는데 그것들은 잔 박탈의 속박, 화체설의 속박, 미사의 속박이었다. 루터는 성찬식에서 두 가지 요소인 빵과 포도주 모두를 신자들에게 줄 것을 요구했다. 그에 따를 경우 신자에게 포도주를 주지 않는 것은 성서의 성찬제정에서 벗어나는 것이라 했다.[48] 루터는 신앙으로 의롭게 된다는 의인설을 중심으로 한 새로운 신앙을 '기독교 교도의 자유(Von der Freiheit eines Christenmenschen)'에서 전개시켰

으므로 결혼하지 않겠다고 결심하는 사제들이 많이 등장했다. 그런데 교황들은 훌륭한 사제들의 자발적 의지에서 비롯된 이러한 것을 하나의 규칙으로 설정해 모든 사제들에게 강요하고 있다."

48 루터의 이러한 주장에 대해 영국의 국왕이었던 헨리 8세(Henry VIII)는 '마르틴 루터에 대한 7성사옹호론(*Assertio septem sacramentorum adversus Martinum Lutherum*)'을 발표했는데 이것은 교황이 그에게 '신앙의 수호자'라는 명칭을 부여하는 계기가 되었다.

다. 즉 그는 사람들이 선행과 성사가 아닌 내면적 신앙생활, 즉 명상과 기도를 통해 하느님과 영적으로 교류함으로써 구원받을 수 있다는 관점을 피력했던 것이다.

로마교회의 대응

루터가 제시한 이러한 관점들은 곧 교회와의 정면충돌로 연계되었고 교황 레오 10세에 의한 루터 파문은 피할 수 없게 되었다. 실제적으로 교황은 1520년 6월 15일 '주여 일어나소서(Exsurge, Domine)'라는 교서에서 루터가 언급한 반박문 중에서 41개 항목이 이단적(haretisch)이라고 했다.[49] 따라서 그는 루터와 그의 추종 세력들이 60일 이내에 자신들의 주장을 철회하지 않을 경우 파문(Kirchenbann)하겠다는 입장을 공식적으로 밝혔던 것이다. 극단으로 치닫고 있던 루터와 로마 교황청과의 갈등을 해소하기 위해 교황청의 시종 카를 폰 밀티츠(K. v. Miltiz)는 엘베(Elbe)의 리히텐베르크(Lichtenberg)에서 루터를 만나 교황 레오 10세에게 개인적으로 서신을 보낼 것을 권고했다. 이에 루터는 예의를 갖춘 서신에서 '가장 거룩한 아버지' 레오 10세에 대항하여 어떤 악한 것도 행하지 않았으며 다만 성서를 근거로 교황제도를 비판하고자 했음을 분명히 밝혔다. 이러한 내용을 담은 루터의 서신을 읽은 교황은 크게 격

---

49 교서 작성에는 에크도 관여했다. 그리고 교황의 교서가 독일의 여러 지역에 게시된 이후부터 이것은 자주 훼손되었다.

노했고 그것은 그로 하여금 루터의 저서들을 몰수한 후 소각하는 명령도 내리게 했다. 같은 해 10월과 11월에 뢰벤(Löwen)과 쾰른에서 자신의 서적들이 공개적으로 소각됨에 따라 루터는 멜란히톤(P. Melanchton: 1497-1560)을 비롯한 일련의 동조자들과 더불어 12월 10일 비텐베르크의 엘스터성문(Elstertor) 앞에서 시위를 펼쳤다.[50] 여기서는 우선 장작더미에 불을 붙인 후 교회법전, 잡다한 교령집, 에크의 저서 및 루터 적대자들의 저서들이 불 속에 던져졌다.[51] 이어 루터는 시위대 앞에서 교황 파문장(Bannendrohungsbulle)의 일부를 소각했고 그것은 다음 해, 즉 1521년 1월 3일에 파문을 당하는 결정적인 요인이 되었다.[52]

수도사였던 루터에게 파문은 종교적 죽음을 뜻하는 것이었다. 이를 세속적 방식으로 확정하고 실행하기 위한 절차는 보름스(Worms) 제국의회에서 이루어질 예정이었다. 이제 루터는 제국추방이라는 세속적인 죽음에 직면하게 되었다. 1521년 4월 17일 루터는 보름스 제국의회에 소환되어 교리에 대한 해명을 요구 받았다.[53] 이 당시 신성로마제국의 황제 카를

---

50 엘스터는 중부 독일의 강 이름이다.

51 특히 교회조직의 강제적 성격을 옹호한 저서들이 소각되었다.

52 1521년 1월 3일에 발표된 교황의 교서(*Decet Romanum Ponficem*: 로마교황은 이렇게 말한다)로 루터 및 그의 추종자들이 파문을 당했다. 특히 루터는 상습적인 이단자로 낙인찍혔을 뿐만 아니라 영원히 그러한 상태에서 벗어날 수 없다는 것도 명시되었다.

53 제국의회는 신분에 따라 세 개의 집단으로 구성되었다. 첫째는 7명의 선제후(Kurfürst)[마인츠 대주교, 쾰른(Köln) 대주교, 트리어(Trier) 대주교, 작센 공작,

5세(Karl V: 1519-1556)는 로마 교황청과 우호적인 관계를 유지해 왔기 때문에 교황의 요구에 따라 루터를 출석시켜 심문하려고 했다.[54] 루터 역시 보름스 제국의회에 참석하여 자신의 입장을 명확히 밝히려 했다. 황제와의 대면 과정에서 루터는 자신의 입장을 철회하지 않고 성서와 신앙에 입각한 구원론을 견지했다. 그리고 이 자리에서 루터는 그 유명한 '나는 내 주장이 명백히 잘못된 것이라고 입증되지 않는 한 내 주장을 절대로 굽히지 않을 것이다.'라는 언급을 했다. 다음날에 진행된 독대에서도 루터는 자신의 입장을 철회하지 않았다. 이에 대해 카를 5세는 크게 분노했지만 약속대로 그의 귀환은 보장했다. 이에 따라 루터는 4월 26일 보름스를 떠났고 5월 4일 아이젠나흐(Wisenach) 근처에서 무장 세력에 의해 납치되었는데 이것은 작센(Sachsen) 선제후 프리드리히 3세(Friedrich III)의 지시로 진행되었다.[55] 루터에 대해 부정적 시각을 가졌던 카를 5세는 5월 26일 루터를 '신의 교회로부터 완전히 이탈한 인물이고, 완고하고 너덜너덜한 인간이고 명백한 이교도(ein

---

브란덴부르크(Brandenburg) 공작, 보헤미아(Böhmen) 왕]이고, 둘째는 기타 제후들(4명의 대주교, 46명의 주교, 수도원장을 비롯한 83명의 기타 성직제후, 24명의 세속제후, 그리고 145명의 백작 및 영주), 셋째는 83개의 제국도시 대표들로 구성되었다.

54 카를 5세는 1520년 10월 23일 아헨(Aachen)에서 대관식을 치르고 권좌에 올랐는데 당시 나이는 21세에 불과했다.

55 이 인물은 당시 '현공'이라는 별명을 가질 만큼 뛰어난 인물이었고 학문에도 해박한 지식을 가졌다. 따라서 이 인물은 뒤러를 비롯한 일련의 인물들을 지원하는 데 주저하지 않았다.

von Gottes Kirche abgetrenntes Glied, verstockten Zertrenner und offenbaren Ketzer)'라 언급하면서 그에 대한 제국법률보호권을 정지시켰다.[56] 아울러 그는 루터의 저서들을 즉시 폐기시킬 것도 명령했다.[57] 또한 카를 5세는 신성로마제국 내에서 루터를 지원하거나 또는 그에게 숙식을 제공하는 것을 금지한다는 칙령도 발표했다. 또한 칙령에서는 루터의 작품을 읽거나 또는 인쇄하는 것을 법적으로 허용하지 않는다는 것도 거론되었다.

신약성서의 독일어번역

추방형 선고를 받은 루터는 작센 선제후 프리드리히 3세의 도움으로 1521년 5월 4일부터 다음 해 3월 3일까지 아이젠나흐 근처의 바르트부르크(Wartburg) 성에 은신하면서 신약성서를 독일어로 번역했다.[58] 그가 이렇게 짧은 시간 내에 번역을 끝낼 수 있었던 것은 라틴어로 작성된 불가타(Neue Testament aus der Vulgata)성서를 외우다시피 잘 알고 있었기 때문이다.[59]

---

56 이 당시 에스파냐 왕(카롤루스 1세)을 겸임했던 카를 5세의 권력은 막강했다. 이 인물은 혈통에 따라 물려받은 왕관이 여섯 개 있었는데, 이것으로 유럽의 절반 이상을 통치할 수 있었다.

57 만일 어떤 사람이 루터의 저서를 읽거나, 판매하거나, 소유하거나 또는 복사를 할 경우 그 역시 파문을 당했다.

58 신성로마제국의 황제 막시밀리안 1세(Maximilian I: 1508-1519)가 1519년에 서거한 후, 프리드리히 3세는 황제직 계승을 제안받았으나 그는 이를 거절했다. 그런데 이 인물은 1517년부터 루터를 보호했고 그의 이러한 자세는 종교개혁의 확산도 가져다주었다.

59 405년 당시 교부였던 성 제롬이 완역한 이 라틴어성서는 그리스어로 작성된 셉

루터와 멜란히톤

그는 라틴어 성서의 오류를 바로 잡기 위해 1519년에 출간
된 에라스무스의 헬라어 신약성서(Neue Testament aus der griechisch-
lateinischen Erasmusausgabe) 두 번째 판을 사용했다. 물론 루터에 앞
서 독일어 성서번역이 시도되었지만 루터의 번역본만큼 호응
을 얻지는 못했다.[60] 루터의 번역이 성공을 거둔 것은 독일의
다양한 방언들이 하나의 통일된 성서언어에 용해되었기 때문

투아긴타(Septuaginta)에 근거했다.

60 루터이전에 있었던 성경의 독일어번역들은 대체적으로 히브리어나 헬라어 본문
    으로부터 번역된 것이 아니라 불가타 성경을 번역한 것, 즉 라틴어로 번역된 본
    문을 다시 독일어로 옮긴 열악한 번역이었다.

이다.[61] 비텐베르크로 돌아 온 루터는 1522년 3월 9일 사순절 첫 주일날부터 3월 16일 회상 주일까지 연속적으로 설교했는데 거기서 그는 과격적이며 열광주의적인 개혁에 대해 우려를 표명했다. 또한 그는 사람들에게 신앙적 책임의식을 강조하고 개혁을 위한 시기가 무르익을 때까지 기다려 줄 것도 권고했다. 거의 같은 시기 루터는 멜란히톤[62]과 더불어 자신의

---

61 루터는 성서를 독일어로 번역하는 과정에서 자신의 어머니를 비롯하여 골목의 아이들에게까지 수도 없이 질문했고, 시장에 모인 사람들이 어떤 표현을 쓰는지도 자세히 관찰했다.

62 독일의 인문주의자 겸 종교개혁가였던 멜란히톤은 1497년 2월 16일 브레텐(Bretten)에서 선제후(Kurfürst)의 병기실 관리인(Vorsteher der fürstlichen Waffenkammer)이었던 슈바르체르드트(G. Schwartzerdt)의 장남으로 태어났다. 그런데 멜란히톤의 외삼촌은 당시 유명한 인문주의자였던 로이힐린(J. Reuchlin: 1455-1522)이었다. 멜란히톤은 그리스어로 '무기제조자'라는 뜻을 가졌는데, 로이힐린이 애칭으로 부른 것이 그대로 그의 이름이 되었다. 멜란히톤은 13세(1510)에 하이델베르크 대학에 입학하여 17세(1514)에 석사학위를 받았고, 21세에 비텐베르크 대학의 그리스어 교수로 임용되었다. 그는 이 대학에서 루터의 영향을 받았고 점차적으로 그의 협력자가 되었다. 42년간 비텐베르크 대학에 재직하면서 라틴어, 그리스어, 윤리학, 그리고 신학을 가르쳤고, 종교개혁가, 인문주의자, 그리고 교육실천가로서 활동을 펼쳤다. 멜란히톤은 1521년에 신학강요를 출간해 프로테스탄트 최초로 조직신학의 기초를 확립했다. 1530년에는 프로테스탄트 최초의 신앙고백인 〈아우구스부르크 신앙고백: Augsburgische Bekenntnis〉을 썼다. 비록 루터가 펼친 성서의 독일어 번역에 협력했지만 멜란히톤은 온화한 성품의 학자였기 때문에 종교개혁운동의 선봉에 나서지는 않았다. 그러다가 그는 루터가 사망한 1547년부터 종교개혁에 대해 능동적으로 대응했다. 여기서 그는 오래전부터 알고 지내던 작센 공국의 새로운 선제후로 등장한 모리츠(Moritz)와 다시 해후하게 되었다. 이 당시 비텐베르크는 토르가우(Torgau) 및 바이마르(Weimar)와 더불어 에르네스트(Ernest) 가문영지에 속해 있었고, 이 지역의 대공이었던 모리츠는 1541년부터 드레스덴(Dresden), 라이프치히(Leipzig) 그리고 튀링겐(Thüringen) 주변, 즉 알베르트(Albert) 가문의 일부 지역만을 다스렸다.

독일어 번역 성서를 재차 면밀히 검토했다. 그 결과 1522년 9월 비텐베르크에서 소위 '9월성서'가 발간되었다. 초판이 빠르게 매진됨에 따라 12월에 제2판인 '12월성서'가 간행되었는데 이것은 비텐베르크 대학 동료들과의 협의를 통해 개정된 것이었다. 루터의 독일어판 성서는 성서의 내용을 일반 대중에게 알리는 데 큰 역할을 했을 뿐만 아니라 독일어 문체를 통일하는 데도 기여했다.[63] 루터는 1523년부터 독일어 찬

이렇게 1485년부터 양분화되었던 작센 주은 슈말칼덴 전쟁 당시 상호간 적대관계였지만, 두 지역은 1547년 모리츠 측의 승리로 다시 통합되었고 모리츠는 통합 작센의 선제후로 등장했다. 그러나 양 지역은 병합과정에서 오랫동안 치유하기 힘든 문제를 잉태했고 그것은 서서히 표출되기 시작했다. 그런데 문제점은 모리츠가 복음주의자이면서도 복음주의 신교도들로 구성된 슈말칼덴 동맹을 배격하고 오히려 그들과 대치하고 있던 신성로마제국 황제 카를 5세를 지원하는 데 주력했다는 데서 비롯되었다. 이렇게 작센 공국이 모리츠의 지배하에 놓이게 됨에 따라 비텐베르크 역시 그의 통치를 받게 되었다. 한편, 멜란히톤과 모리츠의 만남은 작센이 통합되기 이전인 1539년에 있었다. 물론 그 이전에도 이들의 만남이 있었는데, 루터가 그를 추종하던 신학자들을 데리고 라이프치히에서 종교개혁에 관한 설교를 할 때 두 사람은 첫 대면을 했고 거기서 약간의 대화도 있었다. 그러나 두 사람의 본격적 만남은 멜란히톤의 의도적인 계산에서 비롯되었다고 할 수 있다. 즉 18세의 모리츠가 토르가우에 있는 복음교회에서 영주교육을 받고 있을 당시 멜란히톤은 그를 자주 방문했는데 그것은 향후 모리츠가 작센 공국을 통치하리라는 그의 판단에서 비롯되었다. 그러나 이보다 더 중요했던 것은 멜란히톤이 루터의 의도를 정확히 파악한 후 그것에 대해 동의했다는 것이다. 실제로 이 당시 루터는 종교개혁을 추진하면서 작센에서 필요한 기반을 구축하겠다는 생각을 했고 그것을 실천시키기 위해서는 지배 권력층과의 긴밀한 유대관계 유지가 필요하다는 인식도 했다. 이후부터 멜란히톤은 모리츠와의 긴밀한 협력 구축이 피할 수 없는 현실적 대안이라는 인식을 가지게 되었다.

63 토마스 만(T. Mann)은 루터의 번역을 통해 문법적 체계를 갖추기 시작한 독일어가 괴테(W. Goethe) 및 니체(F. Nietzsche)의 노력으로 완벽한 언어로 정립될 수 있었다는 견해를 제시했다.

송가들을 작곡해 사람들에게 낱장으로 배부했는데 그것은 책을 읽을 수 없는 일반인들의 마음을 움직이기 위해서였다.[64] 루터는 1525년 6월, 즉 42세의 나이로 수녀였던 26세의 카타리나 폰 보라(Katharina von Bora)와 결혼한 후 3명의 아들과 3명의 딸을 얻었다.[65] 이 당시 루터는 독신에 대해 부정적인 견해를 가졌을 뿐만 아니라 자신의 관점을 추종자들에게 확고히 전달하고자 했다. 아울러 그는 자신의 부모가 손자들을 원하고 있다는 사실도 잘 알고 있었다.[66] 그런데 루터는 1526년 첫 아들 요한네스(Johannes)를 낳기 전에 매우 긴장했는데 그것은 수도사와 수녀가 결혼하여 아기를 낳으면 머리가 둘이 달

---

64 루터의 독일어판 성서는 1825년 110판이 출간되었다. 이로써 당시 독일어 해독 능력을 가진 성인들의 1/3이 루터의 성서를 소유하게 되었다.

65 일부 수도원들도 루터의 개혁사상에 대해 긍정적인 반응을 보였다. 이에 따라 님브셴(Nimbschen) 수도원에 있던 12명의 수녀가 청어리통에 몸을 숨기고 탈출을 시도했는데 이들 중에는 보라도 있었다. 이렇게 탈출한 수녀들은 비텐베르크에서 은신처를 찾았고 루터의 권유에 따라 11명이 결혼했다. 아직 결혼을 하지 않은 보라는 루터에게 결혼할 것을 제의했고 루터 역시 그것에 대해 동의했다. 오늘날 루터의 후손은 2,800명 정도로 보고 있다. 그러나 루터의 직계는 마르틴 고트로브 루터(M. G. Luther)가 1759년에 사망함으로써 단절되었다.

66 305년부터 306년까지 에스파냐의 그라나다(Granada)에서 개최된 엘비라(Elvira) 공의회에서 성직자의 독신이 권유되었다. 이렇게 시작된 독신제는 4세기 말 다마소 1세(Damasus: 366-384)에 이어 시리치오(Siricius: 384-399) 교황 때 이르러 성직자들의 보편적 준수사안으로 간주되었다. 그럼에도 불구하고 5세기 말까지 성직자의 결혼생활은 아무런 문제도 되지 않았다. 그러다가 1139년 인노첸시오 2세(Innocent II: 1130-1143)가 소집한 제2차 라테란 공의회에서 모든 성직자의 독신이 의무로 규정되었다. 그리고 성직자의 세속적 측면이 강화되면서 교회 재산의 사유화 및 세습이 가능해짐에 따라 성직자가 자녀를 가질 경우 교회 재산이 유산으로 상속되지 않게끔 재산목록까지 제출하는 강제규정도 제정되었다.

린 괴물이 태어난다는 미신에서 자유롭지 못했기 때문이다.[67] 보라와 결혼한 이후 루터는 로마교회와 최종적으로 결별하였고 새로운 교회조직에 전념했다.

루터의 종교개혁은 기존 교회의 교리와 성격을 혁명적으로 바꾸어 놓았다. 그는 전통적인 라틴어 대신 독일어를 사용하여 목회활동을 했으며 교황, 대주교, 주교 등의 성직제를 폐지했다. 즉 성직자와 평신도를 갈라놓은 장벽을 허물고 성직자가 지상에서 누렸던 특권과 지위를 폐지하려고 했던 것이다. 그는 또한 수도원 제도를 폐지하고 목회자에게도 결혼을 허용해야 한다고 주장했다. 루터는 구원에 이르는 방법으로 선행보다는 믿음을 강조했기 때문에 금식, 순례 여행, 성물 숭배 등을 무시했다. 아울러 루터는 교회가 국가 위에 존재한다는 것을 부정하고, 교회를 국가의 통제와 관리하에 두고자 했다.[68]

루터의 교육개혁

종교개혁가로서 활동을 펼치던 루터는 1524년 2월 '독일 각

---

67 만일 첫째 아기에서 장애가 있었다면 루터는 종교개혁운동에서 큰 장애를 만났을 것이다.

68 루터의 교리를 처음으로 지지한 계층은 제국의 기사들이었다. 경제적으로 빈곤한 상태에 있던 이들은 군사적 기능마저 상실한 채 영방 군주들의 억압하에서 사회적 지위강등을 체험하고 있었다. 따라서 이들은 가톨릭 사제 층과 결탁한 영방 지배권에 반발하여 강경한 반교회적 입장을 취했다.

도시의 시장과 시의원에게 보내는 기독교 학교의 설립 및 유지에 관한 의견(An die Ratsherren aller Städte deutschen Landes, dass sie christliche Schule aufrichten und halten sollen)'이라는 소논문을 발표했는데 거기서 그는 완전한 교육체계의 윤곽을 제시하지는 않았지만 독일 도시들의 책임자들에게 실제적 조언을 했다.[69] 뿐만 아니라 그는 교육 목표를 교육 필요성과 연계시켰는데 그것은 교육이 영적 성장에 필요하기 때문에 교육 목표로 설정해야 한다는 관점에서 비롯된 것 같다. 따라서 그는 가정, 교회, 그리고 국가에서 개인이 맡은 사명을 제대로 수행할 수 있는 유용한 인간육성이 교육 목적으로 설정해야 한다는 견해를 제시했다. 그에 따를 경우 가정에서는 유용하고 행복한 구성원으로서, 교회에서는 경건하고 성실한 봉사자로서, 국가에서는 책임 있는 시민이 되게끔 하는 일이 교육의 주된 과제였던 것이다. 이러한 인간육성을 위해 루터가 제시한 구체적인 교육의 내용과 방법 및 제도를 살펴보면 다음과 같다.

첫째, 루터는 가정의 교육적 의미와 부모의 역할을 중시하고, 부모의식의 각성도 촉구했다. 그는 "부모가 천국에 이르는 지름길은 자녀교육을 바르게 하는 것이고 이것은 그들이 기독교 성지인 예루살렘이나 로마를 순례하는 것보다 훨씬 하느님의 뜻에 가깝다."라는 주장을 펼쳤고, 가정에서 신뢰, 충성, 사랑 등의 덕목도 길러 주어야 한다고 역설했다.

---

69 루터는 1520년에 발표한 '독일 기독교 제후에게 고함'에서 일반인들에게도 교육의 기회를 제공해야 한다는 관점을 피력한 바 있었다.

둘째, 루터는 초등교육이 공교육적 성격을 가져야 하고 의무교육으로 진행되어야 한다고 했는데 이것은 그가 모든 아동이 신분, 성별, 계급, 빈부, 그리고 종교에 구분 없이 동등하게 초등교육을 받아야 한다고 역설한 데서 확인할 수 있다. 여기서 루터는 학교를 유지하고 운영하는 주체가 교회가 아닌 국가이어야 한다는 것과 전체 신민의 자녀들 모두가 교육을 받게끔 국가가 강제성도 발동해야 한다는 것 등 공교육과 의무교육의 필요성을 강조했다. 즉 루터는 학교 설립 및 유지가 더 이상 교회의 의무가 아닌 세속 정부의 책임이라고 했는데 이것은 '교육에 대한 국가의 책임'을 역사상 처음으로 거론한 것이라고 하겠다. 아울러 루터는 전쟁이 발생할 경우 국가가 신민들에게 무기를 들고 전쟁에 참여할 것을 요구하는 것과 마찬가지로 신민들로 하여금 그들의 자녀들을 취학하게끔 강제해야 한다는 입장도 밝혔다. 루터의 뛰어난 교육관은 다음의 언급에서 다시금 확인되었다. 그에 따를 경우 도시의 번영은 거대한 부를 축적하고 견고한 성벽과 웅장한 건물들을 짓고 대포와 군수품을 정비하는 것보다 다수의 교양 있는 시민들을 배출하는 데서 비롯된다는 것이다. 여기서 루터는 도시에 어리석고, 무능한 시민들만 있을 경우 그것은 도시의 화근이 될 뿐만 아니라 손실마저도 유발시킨다는 것이었다. 이러한 그의 관점은 한 사회의 미래가 충분히 교육받고 준비된 시민들에 의해 좌우됨에도 불구하고 젊은이에 대한 교육이 방치될 경우 누가 그 사회를 짊어질 수 있는가라는 반론에서 다시금 확인된다. 여기서 루터는 교육이 황제 및 군주들에게 그들의 제국 및 영역을 보존시킬 수 있는 방법이 될 수 있다는 것을 강조했다. 아울러 그는 교육이 도시위원회를 자문하고, 사람들과 재산을 보호하고, 국가를 유지하는 데 필요한 인력을 제공한다는 것도 거론했다. 그에 따를 경우 어떤 정부를 주도할 인물들이 법에 대한 충분한 지식을 갖추지 못할 경우 그 정부는 제대로 기능을 발휘할 수 없다는 것이다. 그런데 올바른 법률 지식은 교육이 선행되지 않을 경우 존재할 수 없다는 것이 루터의 관점이었다. 즉 그는 법률가, 판사, 고위 공직자, 군주자문가, 시의회의원, 그리고 부유한 계층이 하나님께서 계획하신 사회를 유지시키려면 이들 모두가 적절하게 교육을 받아야 한다고 했다. 여기서 루터는 전문직을 지향하지 않는 일반인들 역시 교육을 받아야 한다는 주장을 펼쳤는데 그것은 그가 1529년에 행한 한 설교에서 확인되었다. 그는 자신의 설교에서 모든 직업은 하느님 앞에서 그 자체의 필요성, 의무, 그리고 명예를 가진다고 역설했는데 이것은 직업적 평등원칙에서 비롯된 것 같다. 따라서 근대 이후부터 취학의 법적 강제성, 기초교육성, 재정 경영의 공공지원성, 그리고 정치적 중립성을 강조하는 의무교육은 현대사회에서도 계속 수정 · 보완되고 있지만 그 원형은 루터의 교육적인 주장에서 비롯된 것이라고 하겠다. 특히 루터는 교육재정의 공공지원성을 구체화시키는 방안에 대해 언급했는데 그것에 따를 경우 교육비는 시의회와 정부의 투자 및 교회재정의 일부를 전용해야 한다는 것이었다. 그리고 시민 전체가 교육비 부담을 공유해야 한다는 획기적 제안도 했는데 그것은 도시의 시민들이 일정한 금액, 일종의 교육세(Erziehungssteuer)를 내야 한다는 것이었다. 이렇게 모아진 교육자금은 성직자들, 학교 교사들, 교회 관리인들을 위해 사용되어야 하는데 이것은 성직자들이 사람들의 구원을 위해 일하면서 복음의 값진 보배를 전달하는 기능을 수행하고 있으며, 교사들은 어린이들을 교육시켜 훌륭한 공무원, 재판관, 그리고 성직자로 활동할 수 있는 능력을 부여한다는 데서 비롯된 것 같다.

루터는 자신의 교육적 관점을 부각시키면서 가정교육의 중요성을 거론했지만 이것은 부모들의 무관심 내지는 무능력으로 인해 큰 성과를 거두지 못했다. 이에 따라 그는 공교육, 즉 학교교육의 필요성을 강조하게 되었는데 그것은 다음의 현실적 상황에서 비롯된 것 같다. ① 일반적으로 평범한 부모들도 그들의 자녀들을 교육시킬 정도의 경제적 능력을 갖춘 경우가 많다. 그러나 이들은 자녀들을 교육시킬 만큼의 경건심과 성실성을 갖추지 못하고 있다. 따라서 이들은 그들의 자녀들을 교육시키지 않을 경우 이것이 악마를 돕는 일이고 하느님의 왕국뿐만 아니라 현세의 왕국에도 해를 끼친다는 사실을 모르고 있다. ② 대다수의 부모들은 불행하게도 그들의 자녀들을 공부시킬 방법을 모르고 있다. 비록 이들이 그러한 방법을 안다 하더라도 그것을 제대로 이행하지 못하고 있다. ③ 이들이 교육방법을 알고 또 흥미롭게 가르치고 싶어도 다른 일로 인해 그러한 것이 등한시되는 경우가 많다. 그리고 이들이 교육에 대해 시간적 할애를 한다 하더라도 이들은 교육에 필요한 장소를 구할 수 없다.

이러한 제 상황 때문에 학교는 반드시 필요하며, 학교의 설치는 국가나 자유시의 책임이 되어야 한다는 것이 루터의 주장이었다.

셋째, 루터는 인문주의 교육내용과 성서 중심의 종교교육을 중시했다. 그가 제안한 교육기관별 교육내용을 살펴보면 다음과 같다. 초등교육은 모국어 학교에서 담당하며, 여기서는 읽기, 쓰기, 성서, 음악, 체육, 기사 등을 주로 다룬다. 중등교육은 라틴어학교에서 담당하며, 라틴어, 그리스어, 히브리어, 수사학, 문법, 논리학, 역사, 수학, 음악, 문학, 체육 등을 주요 교과내용으로 취급한다. 고등교육은 대학이 담당하며, 전문 직업훈련과 고전어 훈련도 필요하다는 입장을 밝혔다. 특히 초·중등학교에서 가장 중요하고 보편적 주제는 성서이어야 하며, 대학에서도 이단자에 대응할 수 있는 '성서전문가'의 배출이 필요하다는 견해를 제시했다. 그에 따를 경우 현재의 교회법, 교령집, 스콜라 신학, 철학, 논리학뿐만 아니라 다른 학문도 가르쳐야 한다는 것이다. 이 당시 루터는 종교개혁 사상에 근거하여 복음의 진리와 하나님의 말씀을 선포하고 교리문답서인 카테키즘(Katechismus)을 설명할 수 있는, 즉 올바르게 설교하고 가르칠 수 있는 교육받고 신뢰할 만한 성직자들과 교사들의 필요성을 인지했던 것이다. 또한 그는 고전어를 중시하여 '고전어 없이는 복음도 없다.'라고 할 만큼 성서 연구의 필수과정으로 고전어 연마의 중요성을 부각시켰다.

넷째, 진보적인 교육방법의 원리를 제시했다. 그 자신이 뛰어난 교사였던 루터는 다음과 같은 진보적 교육방법을 부각시켰다. ① 교실은 매력적인 분위기로 조성되어야 한다. ② 교재는 학생들 개개인의 능력에 맞게끔 조절되어야 한다. 여기서 교사는 학생들을 그들의 성취능력에 따라 세 그룹으로 분류하여 가르쳐야 한다는 것도 거론되었다. 비록 한 단계에서 그 다음 단계로의 이전이 어떻게 이루어져야 하는지에 대해서는 정확한 기준을 제시하지 않았지만 루터가 생각했던 것은 능력에 따라 이전해 가는 방식이었다. 당시 루터는 아이들이 다르게 성장한다는 것을 인지했던 것이다. ③ 교육은 단순히 책의 내용만을 가르치는 것이 아니라 사물 자체를 배우게 하는 것이다. 따라서 사물에 대한 직접적인 인식과 언어에 의한 지식을 결합시키는 방법이 도입되어야 한다는 것이다. 여기서 루터는 교수방법에 대해서도 거론했다. 그는, "언어는 문법을 통해 배우는 것이 아니라 실용과 연습을 통해 배워야 한다."라든지 "우리가 어린이들을 인도하려면 먼저 우리들 자신이 그들과 함께 어린이가 되어야 한다." 그리고 "몽둥이와 주먹과 같은 체벌로 어린이들을 억지로 누를 경우 거기서 좋은 결과를 기대할 수 없다." 등과 같은 주장을 펼쳤다. 이러한 주장들은 "어린이는 신의 선물이다."라고 하여 어린이의 인격을 존중한 루터의 교육관에 바탕을 둔 것이라고 하겠다. 특히 그는 교수행위에서 매질과 같은 체벌을 적극 반대하고 어린이의 자유로운 성장을 장려했다. 여기서 그는 과도한 목표나 체벌이 어린이에게 전혀 도움이 되지 못한다는 것도 역설했다. ④ 학습은 흥미로워야 한다. ⑤ 교육방법은 인간존중 정신을 바탕으로 한 교육이어야 한다.

다섯째, 교직의 중요성과 고귀성을 강조했다. 그는 교사직과 성직 모두를 성직으로 간주했고, 교사의 지위는 금전적으로 보상할 수 없는 고귀한 것으로 보았다. 따라서 그는 자신이 성직자가 아니었더라면 반드시 교사가 되었을 것이라는 것을 토로했다.

이처럼 루터는 공교육과 의무교육 제도를 제시하고, 인문주의 정신과 종교개혁 정신을 반영한 교육내용을 제시했으며, 교육의 기회 균등을 제창하고, 여성에게 교육은 물론 교사의 지위까지 부여해야 한다는 것을 주장했으며, 그밖에 교직을 성직으로 중요시하는 등 근대적 교육사상의 특성도 보여주었다. 그러나 루터가 교육을 통해 인간의 내면적이고 영적인 측면뿐만 아니라 외적이고 세속적인 측면도 훈련시켜 능력 있는 하느님의 동반자를 배출하려는 종교적 열의를 가졌던 것 역시 사실이었다.

농민봉기와 루터의 대응

1522년에는 농민, 도시민, 하급기사, 봉건제후들로부터 지지를 받은 루터파 교회가 세워졌다. 당시 농민들은 루터가 제창한 복음의 자유를 농노로부터의 해방을 의미하는 것으로 확신했으며, 이에 힘입어 루터의 종교개혁은 더욱 확산되어 사회운동으로 발전했다. 1524년 6월부터 독일 전역에서 농민봉기(Bauernaufstand)가 발생했는데 그것은 봉건적 착취에 항거하는 과정에서 비롯되었다.[70] 루터의 종교개혁이 농민봉기

농민들의 봉기

의 직접적인 원인이 되었다고는 볼 수 없지만, 그의 복음주
의 사상이 많은 영향을 준 것만은 틀림없는 사실이었다. 예컨
대 루터의 '기독교인의 자유'가 비록 순수한 종교적 개념이었
다고 하더라도, 농민들은 그 뜻을 확대 해석하여 농노 해방
을 의미하는 것으로 받아들였고, 그의 만인사제주의는 곧바
로 세속적 평등주의로 해석되었던 것이다.[71] 루터의 교회재산

---

70 농민봉기는 라인(Rhein) 상류 지방의 한 마을에서 시작되었다. 추수작업으로 바
    쁜 농민들에게 지방의 백작부인이 실을 감는 데 사용할 달팽이집을 수집하라는
    부정기 부역을 시킴에 따라, 농민들은 격분하여 봉기를 일으킨 것이다.

71 루터는 "우리는 모두 성직자이며, 하나의 믿음과 복음, 동일한 형식의 성사를 시
    행하고 있는데, 왜 우리에게는 믿음에 대한 진실과 거짓을 평가하고 판단할 능
    력이 없단 말인가?"라는 언급을 하면서 교황만이 성서해석권을 가진다는 주장

에 대한 공격과 고리대금업자와 금융가에 대한 비난은 농민
들의 광범위한 공감을 얻을 수 있었다. 1525년 1월 오버슈바
벤(Oberschwaben) 지방에서 농민군이 구성되면서 본격적인 농
민들의 봉기가 시작되었다. 점차적으로 확대되던 농민운동을
실질적으로 주도한 인물은 작센지방 출신의 신학자이자 사
제인 뮌처(T. Münzer: 1486-1523)였다.[72] 뮌처는 루터의 복음주
의를 일찍부터 수용했다. 그러나 그는 더 급진적인 주장을 제
기하면서 루터로부터 멀어져 갔다. 뮌처는 로처(S. Lotzer: 1490-
1525)[73] 및 샤펠러(C. Schappeler: 1472-1551)[74]와 같이 신국의 건
설, 신 앞에서 만인의 평등, 사회계급 및 사유재산부정, 신자
들의 공동노동과 이익의 공동분배 등 급진적인 주장을 펼치
면서 농민운동을 부추겼다. 이에 고무된 농민들은 주임신부
선출권을 각 교구로 이양하고 성직자들은 복음에 따라 설교
할 것, 농노제(Leibeigenschaft)를 폐지할 것, 자유로운 사냥, 물고
기 잡이, 벌목의 자유를 허용하고 거기서의 수확물들에 대해
판매할 수 있는 권한을 부여할 것, 임의적으로 강화시킨 부역
을 이전 수준으로 환원시킬 것, 관습적이지 않은 모든 봉사

에 동의하지 않았다. 나아가 그는 평신도들도 사제가 될 수 있는 영적신분을 가
진다는 관점을 피력했는데 이것이 바로 그의 만인사제권이라 하겠다.

72 이 당시 뮌처는 모든 기독교인들이 하늘 왕국을 위해 투쟁할 의무가 있음을 강
조했다. 이에 반해 루터는 하늘나라와 지상의 나라를 구분하듯 신학과 정치 역
시 구분해야 한다고 했다. 루터의 이러한 관점에 대해 뮌처는 동의하지 않았고
최후심판과 더불어 천년왕국이 도래할 것이라는 주장도 펼쳤다.

73 이 당시 로처는 모피가공 공장의 직인(Kürschner)이었다.

74 샤펠러는 성 마르틴(Martin) 교회의 복음주의 목사였다.

를 거부한다. 그러나 그것들에 대한 보상이 있을 경우 예외로 할 수 있다. 지주에 대한 세금을 완화시켜야 한다.[75] 인위적으로 높게 책정한 벌금은 이전 수준으로 환원시킬 것 등의 내용을 담은 '슈바벤 농민계급의 12개조(Zwölf Artikel der Bauernschaft in Schwaben)'를 발표하여 봉건영주에 대항했다.[76] 농민의 아들이 었음을 자랑하던 루터는 농민소요에 호의적인 태도를 보였지만 약탈과 파괴가 자행되는 등 그 성격이 과격해짐에 따라 반대 입장으로 돌아섰다.[77]

이 당시 루터는 그 누구라 할지라도 무력으로 합법적 권위에 도전할 수 없다는 주장을 펼쳤을 뿐만 아니라 무력사용 자체를 질서파괴 행위로 간주하기도 했다.[78] 루터는 1525년 4월에 '농민계층의 12개조에 대한 경고'라는 발표문을 통해 당시의 상황을 완화시키려고 했다. 따라서 루터는 직접 튀링겐의 여러 지역을 순회하면서 농민들과 대화를 했지만 농민들

---

75 이 당시 농민들은 지주에게 납부해야 하는 악명 높은 사망세 폐지를 강력히 촉구했다.

76 뮌처는 1525년 5월 15일 프랑켄하우젠(Frankenhausen)에서 펼쳐진 전투에서 6,300명의 튀링겐(Thüringen) 농민군을 이끌었다. 그러나 이 전투에서 헤센, 작센, 브라운슈바이크 제후들의 병사들로 구성된 연합군의 희생은 단지 6명에 불과했지만 전투경험이 전혀 없던 농민군의 희생은 매우 컸다. 뮌처는 자신의 동료인 파이퍼(H. Pfeiffer)와 같이 체포된 후 심한 고문을 받았다. 이후 그는 자신의 지지자들에게 투쟁을 포기하고 군주에게 무릎을 꿇고 용서를 구하라고 명령했다. 뮌처는 아무 것도 보여주지 못하고 결국 같은 해 5월 27일 53명의 지지자들과 함께 처형되었다.

77 루터는 '슈바벤 농민계급의 12개조'를 1525년 4월에 읽었다.

78 루터는 세속적 질서, 즉 합법적 권위 역시 신이 만들었다는 관점을 가지고 있었다.

의 반응은 매우 부정적이었다. 이에 루터는 5월 '강도, 살인자 무리인 농민들을 반박함(Auch wider die räuberlichen und mörderischen Rotten der andern Bauern)'이라는 독설적인 글을 통해 농민들을 강도와 같은 폭도로 규정하며 '그들을 미친개를 때려잡듯 목매달아 죽여야 한다.'라는 극단적인 적대감을 표시하기도 했다. 이후부터 루터는 제후들 편으로 완전히 돌아서 수천 명의 무고한 농민들을 처형하는 데 반대하지 않았다.[79] 루터가 농민봉기를 탄압한 이유는 기독교인의 자유란 세속적인 평등주의에 있지 않고 오로지 개인적 믿음의 자유에 있다고 믿었기 때문이다. 즉, 그는 기존 권위와 권력에 대한 시민적 순종이 기독교의 미덕이라고 여겨 제후들에게 농민들을 탄압할 것도 요구했던 것이다. 루터의 이러한 태도 변화로 제후들은 용기를 얻어 농민봉기를 진압할 수 있었다.[80] 농민봉기는 독일사 최초의 민중운동이라고 할 수 있다. 그러나 봉기가 실패함에 따라 농민들에 대한 영주와 교회의 압박은 더욱 강화되었다. 농노제 역시 더욱더 혹독해져서 공동지 용익권이 크게 제한되었고 공납과 부역의 의무 역시 더욱 무거워졌다.

---

79 이 당시 루터는 영주들에게 "여러분, 반란자들을 죽이고 이들의 목을 조르십시오. 이렇게 할 경우 반란자들은 축복된 죽음을 맞이하게 되는데 이것은 여러분들이 주님명령을 따랐기 때문입니다. 농민들은 양심의 가책을 느끼지 않으며 그들의 행위 역시 정당하지 못하기 때문에 이들의 영혼은 이미 사탄의 손에 넘어갔다고 보아야 할 것입니다."라고 언급하면서 그들 행위에 대한 정당성도 부여하려고 했다. 이에 따라 75,000명에 달하는 농민들이 봉기과정에서 목숨을 잃었다.

80 1525년 5월 25일 헤센(Hessen), 작센(Sachsen), 그리고 브라운슈바이크(Braunschweig)의 제후들은 프랑켄하우젠에서 농민군의 주력부대를 격파했다.

루터가 농민학살에 개입함에 따라 그에 대한 농민층의 지지는 사라지게 되었다. 농민봉기 이후 루터의 종교개혁은 영방군주에 의존하게 되었으며, 이는 이후 루터파 교회를 국가에 종속시키는 결과를 초래했다.

아우구스부르크 종교회의

농민봉기가 진압된 이후 루터의 지지 세력은 점차적으로 확대되었고 그것은 신·구권의 대립을 격화시키는 계기가 되었다.[81] 루터파는 신·구권의 대립이 격화됨에 따라 자위책으로 1531년 2월 6일 슈말칼덴〔Schmalkalden; 튜링엔(Türingen)〕동맹을 체결했고 이후 독일 전역은 종교적 소요를 겪게 되었다. 이 동맹에는 쿠어 작센, 브라운슈바이크(Braunschweig), 브레멘(Bremen), 마그데부르크(Magdeburg), 만스펠트, 헤센(Hessen), 슈트라스부르크(Strassburg), 울름(Ulm), 그리고 콘스탄츠(Constanz) 등이 참여했다. 이후 이 동맹은 프랑스뿐만 아니라 영국과의 결속을 모색했고 합스부르크와 대립하고 있던 헝가리와도 접촉하여 반가톨릭적이고 반황제적인 전선을 구축했다. 그런데

---

81 1529년 2월 슈파이어 제국의회가 개최되었는데 여기에는 로마 가톨릭 계통의 교인들이 대거 참여했다. 이들은 모든 사안들을 가톨릭에 유리하게 결정했다. 그것에 따라 로마 가톨릭 교회의 재산이 회복되었을 뿐만 아니라 루터파 지역에서 로마 가톨릭식 예배도 허용되었다. 따라서 같은 해 4월 19일 루터파 제후들은 이러한 결정에 항의하는 항의서(Protestatio)를 제출했는데 이것에 따라 구교도들은 루터파를 프로테스탄트(Protestant)라 지칭하게 되었다.

슈말칼덴 동맹은 루터파의 확산에 위협을 느낀 황제가 1529
년 4월 19일 슈파이어(Speyer)에서 제국의회를 개최한 후 거기
서 루터파의 포교를 금지한 데서 나온 일종의 자위적인 동맹
체제라 할 수 있다.

이후 독일에서는 신교 제후와 황제 간의 싸움이 약 20년
간 지속되었는데 이 과정에서 슈말칼덴 동맹에 참여한 프랑
스는 신교 세력을 적극적으로 지원했다.[82] 그리고 이것은 신
성로마제국 내에서 신교 세력의 위상을 크게 증대시키는 요
인이 되기도 했다. 이에 따라 카를 5세는 신교 세력과 타협할
필요성을 인지하게 되었다.[83] 1555년 2월 5일부터 페르디난
트 1세(Ferdinand I: 1503-1564)[84]의 주도로 아우구스부르크 종교
회의가 개최되었고 같은 해 9월 25일에는 제후 및 자유도시
에 대한 신앙의 자유(*cujus regio, ejus religio*: 그 지역의 종교는 곧 그 지
역 군주의 종교로 한다)[85]가 허용되었다. 이에 따라 루터파는 선교
의 자유를 얻게 되었다.[86] 그러나 이러한 신앙의 자유는 일반

---

82 1546년 루터는 63세의 나이로 생을 마감했는데 그의 장례식에는 전 비텐베르크
   시민들이 자발적으로 참여했다.
83 이에 앞서 카를 5세는 일시적으로 신교 세력에게 자체적인 종교행사(Religion-
   sausübung)를 허용했는데 이것은 이들의 지원을 받아 오스만 튀르크로부터의 위
   협을 저지해야만 했기 때문이다.
84 이 인물은 1556년 신성로마제국의 황제로 등극했다.
85 1555년 9월 25일에 체결된 조약은 그 지역의 종교가 그 지역 군주의 종교를 추
   종한다는 암묵적인 동의도 부여했는데 이것은 영역교회의 개념이 도입된 것으
   로 보아야 할 것이다. 그리고 군주의 종교를 추종하지 않는 사람들에게는 이주
   의 권한(ius emigrandi)이 부여되었다.
86 이로써 신성로마제국이 그동안 견지했던 종교적 단일화는 더 이상 불가능하게

인 모두에게 허용된 것이 아니라 제후와 도시에게만 허용되었다. 그리고 루터파를 제외한 나머지 신교 파들은 종교적 자유를 얻지 못했다. 루터파로 개종한 지역의 교회재산은 세속화되었다. 이에 따라 제후들은 부유하게 되었고 그것은 루터파로 개종하는 제후들의 수를 늘리는 계기가 되었다. 결국 아우구스부르크 종교회의는 각 지역에 대한 영주들의 통치권을 허용함으로써 이제 제국은 중앙집권적인 연방국가라기 보다는 개별적인 지역들이 모여 이루어진 정치적인 결합체임을 공식적으로 선언한 결과를 가져왔다. 그 결과 조세권과 군대 징모권은 더 이상 황제의 권한이 아니라 제국의회 및 행정기구에서 각 지역을 대표하는 영주들의 권한이 되었다. 이제 각 지역 영주들은 그 지역의 규모와 부에 따라 세금을 내고 유사시에 군대를 지원하기만 하면 되었다.

그런데 종교개혁은 지방보다는 도시에서 보다 활성화되었다. 이 당시 농촌 주민의 95%가 문맹이었던 반면에 도시민의 약 30% 정도가 글을 읽을 수 있었기 때문에 루터의 주장은 좀 더 쉽게 수용될 수 있었던 것이다. 개신교 성직자들과 더불어 루터의 새로운 생각을 받아들인 도시민들은 주점이나 길거리에서 문맹자들에게 그의 사상을 전달하는 데 주저하지 않았다. 그리고 당시 도시들은 규모가 매우 작았기 때문에 시

되었다. 이렇게 신앙의 자유가 부여되었음에도 불구하고 제국의 성직자들은 개종할 수 없었다. 만일 이들이 개종할 경우 그들은 성직 및 성직록을 포기해야만 했다(reservatum ecclesiasticum).

민들 간의 활발한 교류가 가능했고 그것은 루터의 사상을 보다 확산시키는 계기가 되었다. 이와는 달리 당시 로마 교회는 도시사회와의 융화에 대해 그리 적극적이지 못했다. 왜냐하면 가톨릭 성직자들은 로마 교황청과의 관계를 우선시했으며 교회 역시 면세와 면책특권을 누리던 자치조직이었기 때문이다. 로마 교회의 이러한 특수적 상황을 배제시키기 위해 도시 정부는 교회 및 산하 자선 조직을 시참사회 관할 안으로 끌어들이려고 노력했지만 가시적인 효과를 거두지는 못했다. 반면에 개신교 교회는 도시 사회와 긴밀하게 연결되어 있었다. 평신도 협의회가 담당 목사를 임명하고 해임했으며 재정문제를 관할하고 사회봉사활동도 이끌어 갔다. 가톨릭 사제들과는 달리 개신교 목사들은 가정을 꾸린 후 도시민들 속에서 모범적인 중산층으로 살았다.

16세기 중엽 이후부터 루터파는 북부 독일을 중심으로 스웨덴, 덴마크, 노르웨이 등으로 확산되었다. 이 세 지역은 명목상 스칸디나비아라는 한 왕국이었지만, 국왕이 실제적으로 다스린 지역은 덴마크뿐이었고 나머지 지역은 귀족들의 관할하에 있었다. 이 지역들은 대체로 9세기부터 프랑크 왕국을 통해 기독교를 받아들였고 11세기에 이르러서는 가톨릭교회가 일반화되었다. 루터교가 이 지역에서 종교개혁의 발판을 마련하게 된 것은 프레데릭 1세(Frederick I: 1523-1533) 때였다.[87] 북부 독일 이외에도 보헤미아, 폴란드, 그리고 헝가리에

---

87 덴마크는 국토의 1/3이 가톨릭교회에 속해 있었다. 국왕은 가톨릭 성직자들을

서도 루터의 신봉자들이 속속 등장했다. 교황청의 면벌부판매에 대한 교리적 반발로 시작된 루터의 행동은 당시 성장하기 시작한 초기 자본주의적 사고방식을 더욱 구체화시키는 계기가 되었다. 루터를 지지한 지방 귀족들이나 영주들은 면벌부판매로 영지에서 자신들에게 돌아올 재화 중의 상당수가 줄어드는 것에 대해 불만을 가지고 있었다. 이러한 상황에서 루터의 행동은 그들에게 교황청에 대항할 수 있는 교리적 근거를 제공했고, 이것은 유럽 전역에서 자리 잡아 가고 있던 중상주의적 사고방식을 확립하는 데에도 기여했다.

억압하기 위해 루터교를 받아 들였다. 국왕 크리스티안 2세(Christian II: 1513-1523)는 1520년 루터파 선교사 마르틴 라인하르트(M. Reinhardt)가 덴마크에서 선교활동을 하는 것을 허용했다. 1521년 카를슈타트(Karlstadt)가 국왕 고문으로 임명된 후 로마 교황청에 대한 상소금지, 수도원개혁, 주교권위의 제한, 사제의 결혼승인 등이 시행되었다. 1523년 프레데릭 1세(Frederic I: 1523-1535)가 즉위했다. 이 인물은 루터파를 선호했지만 그의 지지자들은 부정적이었다. 1527년 루터파에 대한 자유가 보장되었고 성직자들의 결혼 역시 허용한다는 칙령이 발표되었다. 프레데릭 1세가 사망한 후 귀족들은 크리스티안 3세(Christian III: 1535-1559)를 지지한 반면 주교들은 동생 요한을 지지했다. 이러한 권력대립과정에서 크리스티안 3세가 승리했고 이것은 덴마크에서 루터교의 확립을 가져오는 계기가 되었다. 크리스티안 3세는 주교들을 투옥하고 가톨릭교회의 재산을 몰수했다. 그리고 이 인물은 비텐베르크에 종교개혁가의 파견을 요청함에 따라 요한 부겐하임(J. Bugenheim)이 덴마크에서의 종교개혁을 마무리하는 역할을 담당했다. 이후 아우구스부르크 신앙고백이 수용되었으며, 복음적 교회제도와 예배의식이 확립되었다.

4. 칼뱅의 종교개혁

츠빙글리의 개혁시도

독일에 이어 스위스에서도 새로운 개혁의 흐름이 나타나고
있었다. 스위스는 수 세기에 걸쳐 독립전쟁을 치렀고 그 과정
에서 자유주의적인 정신도 확산되었다. 또한 중세 상공업의
요지로 스위스의 도시들은 번영했으며 부패한 성직자들 역시
다른 지역에 비해 많은 곳으로 알려졌다. 1532년 교황, 성직
자, 수도원을 비난하고 취리히(Zürich) 교회 내의 미사, 십자가,
제단, 성화를 없앤 츠빙글리(U. Zwingli; 1484-1531)로부터 스위
스의 종교개혁은 시작되었다.

　츠빙글리는 스위스 연방과 동맹 관계하에 있던 토겐부르
크(Toggenburg) 공국의 빌트하우스(Wildhaus)에서 유복한 농민의
아들로 태어났다. 그의 할아버지와 아버지는 선거를 통해 선
출된 지역 지도자로 활동했는데, 이 직책은 일반적으로 부유
한 농민들이 차지하곤 했다. 츠빙글리는 10살 때부터 바젤(Ba-
sel)에서 라틴어와 고전을 공부했다. 이어 베른(Bern)에서 라틴
어 공부를 계속하다가 14살이 되던 1498년 빈(Wien) 대학에
진학하여 인문주의의 영향을 본격적으로 받기 시작했다. 당

시 이 대학에는 신성로마제국의 계관시인이었던 켈티스(T. Celtis: 1459-1508)가 강의를 했지만 츠빙글리가 이 강의를 들었는지는 확인되지 않고 있다. 이후 츠빙글리는 바젤에서 학업을 계속하면서, 신학, 철학, 새로운 인문주의 학문 등을 배웠고, 1504년에는 문학사 학위를 받고 2년 후인 1506년에는 문학석사 학위도 취득했다. 공부를 하던 시기 츠빙글리는 기본적으로 에라스무스적 인문주의의 영향을 받았으나 교부들의 신학과 성경연구에도 적지 않은 시간을 할애했다.

츠빙글리는 글라루스(Glarus)를 거쳐 아인지데른(Einsiedeln)에서 설교사역을 담당한 사제로서 명성을 얻게 되었다. 그러나 그의 설교는 점차적으로 복음적 관점에서 벗어나 기독교가 안고 있던 문제점들을 지적하게 되었고 그것은 종교개혁

츠빙글리

의 필요성도 강조하게 하는 요인이 되었다. 그리고 설교가로서의 명성은 츠빙글리가 1519년 취리히의 그로스뮌스터 (Großmünster) 교회에 부임하는 데 결정적인 역할을 했다. 1522년 츠빙글리는 '사순절 소시지 사건'을 계기로 스위스 종교개혁에서 선구자로 부각되었다. 사순절 기간 동안 츠빙글리는 출판업자 프로사우어(C. Froschauer: 1490-1564) 집에 있었다.[88] 이 당시 프로사우어는 바울서신에 대한 새로운 판을 출판하려고 했는데, 지쳐 있던 12명의 일꾼들을 회복시키기 위해 이들에게 소시지를 제공했다. 그런데 참석한 사람들의 숫자(12)와 분배된 방식이 주님의 만찬을 연상시켰던 것은 우연의 일치였을까? 이처럼 공개적으로 사순절 금식 관례를 깬 이 사건은 중세의 경건과 교회적이며 공적 권위 모두를 조롱한 것으로 인식되었다. 이에 따라 취리히 시의회는 프로사우어를 구속했다. 그러나 고기를 직접 먹지 않은 츠빙글리는 구속되지 않았다. 취리히 대성당 사제라는 위치에 있었던 츠빙글리는 모든 것을 원만히 해결할 수 있었지만, 그는 1522년 3월 23일에 행한 '음식에서의 선택과 자유'라는 설교를 통해 소시지 사건을 공적인 문제로 비화시켰다. 이로부터 한 달도 안 된 4월 16일 츠빙글리는 자신의 설교를 보충하여 한 권의 소책자를 출간했다. 여기서 그는 성경이 사순절 기간에 고기섭취를 금지하지 않았으므로 기독교인들은 금식을 하든지 안 하든지

---

88 취리히 최초의 인쇄업자였던 프로사우어는 에라스무스, 루터, 그리고 츠빙글리의 저서들을 출간하는 데 주력했다.

자유롭게 선택할 수 있다는 주장을 펼쳤다. 즉 그는 성서에서 그러한 언급이 없기 때문에 사람들은 하느님이 주신 음식을 무엇이든 먹을 자유가 있다는 것이었다.[89] 이때부터 츠빙글리는 성서지상주의를 강조했고 1523년 이후 진행된 몇 차례 공공토론회는 츠빙글리의 종교개혁에 정치적인 동력도 부여했다. 실제적으로 당시 종교개혁가 중에서 츠빙글리만큼 공공토론회를 적절히 이용한 인물은 없었다. 1523년 1월 29일에 개최된 공공토론회에는 600명 이상이 참여했다. 여기서 츠빙글리는 로마교회의 잘못된 가르침을 비판하는 67개 조항을 발표하여 자신이 지향한 개혁에 대한 정당성을 확보했고 그것에 따라 취리히 시의회는 그의 개혁에 대해 동의했다.[90] 이로써 츠빙글리의 개혁은 처음부터 관료의존적인 성향을 가지게 되었다. 실제로 1523년 10월에 있었던 2차 공공토론회는 그러한 특징을 잘 보여주었다. 성화상과 미사 문제가 토론회의 주요 의제였는데, 츠빙글리를 포함한 회의 참석자들의 대다수가 성화상의 폐기와 미사 개혁을 주장했지만 그 실행여

---

89 사순절은 예수의 부활 전 40일간을 지칭한다. 이 기간에 신도들은 참회 및 대속의 마음으로 예수 그리스도의 부활을 경건하게 맞이하기 위한 준비를 해야 한다는 것이다. 사순절을 뜻하는 영어 렌트(Lent)는 고대 앵글로색슨어 Lang에서 유래된 말로, 독일어 렌츠(Lenz)와 함께 '봄'이란 뜻을 가졌다.

90 67개 조항에서는 '복음이 교회의 확증을 받지 못할 경우 효력 역시 가질 수 없다는 관점을 가진 사람들은 실수를 저지르는 것이고 하느님을 모욕하는 것'이 가장 먼저 언급되었다. 이것은 교회의 권위가 아닌 성서에 근거한 복음적 권위만이 존재한다는 것을 의미한다. 실제적으로 츠빙글리는 복음이 사람들을 자유롭게 했는데, 왜 교회의 권위가 다시 하느님의 은혜로 제공된 자유를 속박하는가에 대해 문제를 제기했던 것이다.

부는 결국 시의회의 결정에 따르게 되었던 것이다. 그리고 이러한 상황은 취리히 개혁 세력을 양분화 시키는 계기가 되었다. 이 당시 츠빙글리는 '예언 모임(Prophezei)'이라 지칭되던 원어 성경연구 모임을 공식적으로 발족시켰는데 여기에는 적지 않은 젊은 인문주의자들이 참여했다.[91] '예언 모임'의 가입자들은 츠빙글리의 개혁에 대해 열렬한 지지를 보냈지만 츠빙글리의 개혁이 시의회의 결정에 의존되는 것은 원하지 않았다. 그러나 츠빙글리는 자신의 개혁이 시의회와 공조해야 한다는 생각을 했고, 양측 사이의 거리는 점차 멀어지기 시작했다. 그런데 츠빙글리와 '예언 모임' 사이의 결정적 결별은 유아세례 문제에서 비롯되었다. 1525년 1월의 3차 공공토론회에서는 유아세례 문제가 주 안건으로 상정되었다. 여기서 시의회는 다시금 츠빙글리의 입장을 지지했고 유아세례를 반대하는 자들을 불법화시켰다. 이후부터 츠빙글리는 자신의 정치적 이미지를 공고히 하면서 국가교회를 세워나갔으며, 그의 영향력은 스위스의 각 도시로까지 확대되었다. 그의 개획은 교회에서 성화상을 철거하고 로마교회의 성례전주의를 배격하는 등 성서 중심으로 교회를 정화시키는 것이었다. 복음을 가르치고 성서교육을 강조하면서 말씀과 기도가 예배의 중심이 되게끔 했다. 그리고 복음적 삶은 모든 시민의 삶에도

---

91 예언 모임은 고린도 전서 14장, 특히 1절 '사랑을 추구하며 신령한 것들을 사모하되 특별히 예언을 하려고 하라.'라는 언급에서 기원한 것으로 볼 수 있다. 그리고 이 모임에서 구약전체가 취급되었다.

적용되어 교회를 이탈하는 것 자체를 시민법을 위배하는 것
으로 간주했다. 취리히의 종교개혁은 무엇보다도 시민들의
도덕적 개혁에 주안점을 두면서 종교적 획일성을 강조하는
방향으로 나아갔는데 이것은 초기 개혁교 전통에서 부각되는
특성을 보여주었으며, 이러한 과정에서 세속권력은 종교개혁
의 주요 파트너로서의 역할도 수행했다. 루터와는 달리 츠빙
글리는 스위스에서 종교개혁을 확대시키기 위해 세속권력의
힘을 적극적으로 활용했다. 그는 1529년 개혁의 수호 및 완수
를 위해 기독교 도시연맹을 형성하여 가톨릭 세력과 대응했
으며 제1, 2차 카펠 전쟁(Kappeler Krieg)에 참여하기도 했다.
1531년 10월에 펼쳐진 제2차 카펠 전쟁에서 츠빙글리가 목
숨을 잃게 됨에 따라 스위스에서 종교개혁 완수에 필요한 새
로운 인물의 등장이 요구되었고 그 과정에서 제네바의 칼뱅
이 그 역할을 담당하게 되었다.[92]

한때 독일의 루터교회와 스위스의 개신교를 정치적으로
묶어 가톨릭 세력에 대응하려는 시도도 있었는데 독일 루터
파 제후였던 헤센(Hessen)의 필립이 그 대표적인 인물이라 하
겠다. 1529년 마르부르크에서 루터와 츠빙글리를 포함한 양
측의 대표가 만났으나 결국 성만찬에 대한 이견차이로 회담
은 결렬되었다. 그리고 이것은 유럽의 개신교 세력이 통합할

---

92 전투과정에서 부상을 입은 츠빙글리는 바로 가톨릭 병사들에 의해 체포된 후 몸
을 네 부분으로 찢기는 처형을 받았다. 그리고 그의 조각난 시신을 인분과 함께
소각함으로써 어떠한 것들도 개신교도들을 고취시키지 못하게 했다.

수 있었던 기회가 무산되는 순간이었다.

칼뱅의 등장

스위스의 종교개혁은 2세대 개혁가 칼뱅에 이르러 그 중심지
가 제네바로 옮겨졌다. 칼뱅은 1509년 7월 10일 파리에서 북
동쪽으로 약 60마일 떨어진 피카르디(Picardie) 지방의 한 도시
인 노용(Noyon)에서 법률비서관의 아들로 태어났다.[93] 14살 때
칼뱅은 파리로 유학을 갔는데 마르슈 대학(College la Marche)에
서는 일반 학문을, 몽테규 대학(College de la Montaigu)에서는 신학
을 배웠다.[94] 1528년 칼뱅은 출세를 위해서는 신학보다는 법
률을 공부해야 한다는 부친의 뜻에 따라 몽테규 대학에서 오
를레앙(Orlean) 대학으로 학업 장소를 옮겼다.[95] 1531년 5월 부
친이 사망한 후 젊은 칼뱅은 평소 자신이 하려던 고전 공부
에 몰두하게 되었고, 1532년 4월에는 고전 중의 하나인 세네
카(Seneca)의 '관대함에 관해(De clementia)'에 대한 해설서를 발간
하여 학계의 주목을 받았으며, 인문주의자로서의 재능도 발
휘했다. 칼뱅은 자신의 저서에서 세네카와 키케로(Cicero)를 비

---

93 이 인물의 원래 프랑스 이름은 장 코뱅이었다.
94 에라스무스와 라블레(Rabelais)는 몽테규 대학에서 칼뱅에 앞서 공부했다.
95 칼뱅의 아버지 제라르 코뱅(G. Cauvin)은 장인과 뱃사공에서 집념과 야망으로
    소시민 계층으로 상승했다. 제라르 코뱅은 1481년 시의 등기직원이 되었으며,
    후에 노용 주교청의 비서, 노용참사회의 대리인 되었으며, 1498년에는 시민의
    신분도 얻었다.

롯한 56명의 라틴 학자들과 22명의 그리스 학자들의 저서에서 인문주의적인 관점을 찾아냈고, 아우구스티누스가 포함된 7명의 교부들과 뷔데(G. Bude: 1468-1540)[96] 및 에라스무스의 견해도 정리했다.[97] 1533년 11월 칼뱅의 절친한 친구이자 의학교수였던 콥(N. Kop: 1505-1540)이 파리 대학교 총장으로 임명되었다. 이에 따라 그는 1533년 11월 1일, 즉 만성절에 코르델리에(Cordeliers) 교회에서 교수들과 고위 성직자들을 상대로 스콜라 철학을 이단시하고 루터파를 정교로 간주하는 등의 내용을 담은 취임연설을 했는데 연설의 핵심적 내용은 칼뱅과 그의 측근에서 비롯되었다.[98] 콥의 연설은 식장에서 소요를 유발시켰고 그것에 대한 파리 의회 입장 역시 매우 단호했다. 이에 따라 콥을 비롯한 그의 측근들에게 소환장이 발부되었지만 이들은 이에 앞서 파리를 탈출했다. 소환대상에 포함되었던 칼뱅 역시 파리를 벗어날 수 있었다.

그리고 칼뱅은 1533년 말부터 파리 남부의 생통쥬(Saintonge)에 머무르게 되었다. 이 시기에 그는 샤를르 데스뻬비여(Charles d'Espeville)라는 가명으로 클레교구의 목사이자 앙굴렘(Angouleme)에 있는 개신교 교회의 참사회원이었던 루이 뒤 띠

---

96 뷔데는 법전이나 화폐를 통해 고대문명과 문화를 종합적으로 분석하려고 했다. 여기서 그는 단편적 또는 전문적이기 보다는 상호 유기적이고 총체적인 백과사전적 지식(encyclopedia)이 바람직하다는 관점을 제시하려고 했다.
97 칼뱅은 1530년 프랑수아 1세가 파리에 설립한 프랑스 대학(College de France)에서 그리스어와 히브리어 공부를 했다.
98 콥은 '마음이 가난한 사람은 복이 있나니 천국이 저희의 것임이요'라는 마태복음 5장 3절을 중심으로 취임연설을 했다.

칼뱅

에(Louis de Tillet)의 집에서 생활했다. 생통쥐에 머무르는 동안
칼뱅은 개인적인 영적 변화의 계기를 접했으며, 점점 종교개
혁에 대해 관심을 가지기 시작했다.[99] 이렇게 그가 종교개혁
에 대해 관심을 가질수록 그는 프랑스에 남아있기 힘들게 되
었고 결국 그곳을 떠나 여러 도시를 전전했으며, 1536년 바젤
(Basel)에서 그 유명한 '기독교 강요(Christianae Religionis Institutio)'를
출간했다. 자신의 새로운 종교개혁신학을 총체적으로 기술한
이 기념비적인 저서는 구성형식에서 1529년에 간행된 루터
의 '교리문답서'를 따랐다. 그런데 이 저서는 프랑스 내 개신
교를 위한 변증에서 비롯된 것 같다. 실제적으로 프랑스 국왕
프랑수아 1세(Françis I: 1515-1547)에게 바친 헌사에서 밝혔듯이

---

99 칼뱅은 1534년 5월 4일 노용에서 성직록을 반환했다.

개신교도들은 뮌스터(Münster)의 재세례파와는 달리 충성스러운 신하라는 것이었다. 그런데 재세례파라는 명칭은 신앙과 지식에 근거한 세례를 주장하면서 이미 세례를 받은 사람들에게 다시 세례를 베푼다고 해서 붙여진 이름이다. 재세례파는 의식이 없는 유아기에 받은 세례는 아무런 의미가 없기 때문에 다시 세례를 받아야 한다고 했고, 자신들의 교리와 다른 교리를 가르치는 집단에서 받은 세례 역시 무효로 간주했기 때문에 재세례를 시행하고자 했다. 초대교회에서 키프리아누스(Cyprianus: 190-258)는 이단이나 분파로부터 받은 세례는 무효이기 때문에 재세례를 베풀 것을 주장했다.[100] 아우구스티누스는 누가 세례를 베풀든 성부, 성자, 성령의 이름으로 베풀면 타당성이 있으나 정통교회에 들어와야 비로써 그 효과가 있다고 했다. 즉 아우구스티누스는 이단세례의 유효성을 부정했지만 타당성만은 인정했다. 이후부터 재세례에 대한 기존 교회의 입장은 매우 부정적이었다. 그리고 이들 재세례파는 곧 정부로부터 박해를 받기 시작했으며, 정부의 탄압은 재세례파가 정부를 비판하는 계기가 되었다. 점차적으로 재세례파는 시민공동체와 신앙공동체를 엄격히 구분하게 되었다.

---

100 카르타고 출신으로 웅변술에 능했던 이 인물은 246년 기독교로 개종했다. 249년 주교로 추대된 이 인물은 다음 해인 250년 로마황제 데키우스(Decius: 249-251)의 박해 및 그 이후 진행된 수차례의 박해에도 굴하지 않고 사제와 신도들을 인도했다. 키프리아누스는 신학의 제 문제, 특히 교회론과 관련된 저서들을 남겼고 아우구스티누스를 비롯한 많은 신학자에게도 적지 않은 영향을 끼쳤다.

여기서 이들은 참된 신앙인들이 정부의 관리가 되거나, 군대에 가거나, 세금을 내서는 안된다고 했다. 그러나 재세례파의 일부는 이 사악한 세계에서 세속 정부의 역할을 어느 정도 인정했을 뿐만 아니라 납세도 수용하려고 했다. 또한 재세례파의 일부는 삼위일체설을 비판하고 그리스도의 신성을 부정하고 그리스도를 단순히 모범적 인간이나 신적 능력이 충만한 인간으로 보려고도 했다. 그리고 교회를 거룩한 자들의 공동체로 여겨 여기서 사람들이 신앙고백을 하고 세례를 받고 교회의 일원이 되는데 이들 중의 일부가 거룩하지 못한 삶으로 공동체를 훼손시킬 경우 징계를 통해 공동체를 정화해야 한다는 견해도 제시되었다.[101]

---

101 재세례파는 원래 츠빙글리파에 속했지만 1525년에 이 파와 결별했다. 처음 몇 년 동안 재세례파는 스위스와 네덜란드에서 많은 추종자들을 확보했는데 이것은 극도로 소박한 신앙심과 평화주의 그리고 엄격한 성서적 도덕들이 진지한 신자들에게 감명을 주었기 때문이다. 1534년 재세례파 전체를 대표할 수 없는 극단주의자들이 독일의 뮌스터를 장악했다. 분파주의와 천년왕국사상을 수용한 이들은 세상의 종말이 오기 전에 신이 온 세상에 의롭고 영적인 새로운 질서체제를 수립하리라 믿었다. 자신들의 목적달성을 위해 극단주의자들은 뮌스터를 '새로운 예루살렘'으로 선포했다. 할렘(Haarlem) 출신의 제빵사였고 뮌처와 마찬가지로 경건하지 못한 자들은 살 권리가 없다고 믿은 레이덴(Leiden)의 얀(Jan)은 '새로운 성전의 군주'라는 칭호를 사용하다가 자신이 히브리 왕 다윗(David)의 후계자라고 주장했다. 그의 지도하에 재세례파의 종교의식이 시행되었고 사유재산도 철폐되었다. 재산공유제가 도입되는가 하면, 심지어 구약성서의 선례인 '생육하고 번성하라.'는 하느님의 명령에 따라 일부다처제까지 허용되었다. 아울러 얀은 자신을 반대하는 것은 하나님의 명령에 반대하는 것으로 간주했을 뿐만 아니라, 실제로 자신에게 반대하는 자들, 즉 주님에게 반대하는 사람들을 잔혹하게 처형했다. 이에 따라 프로테스탄트 및 가톨릭 양측은 엄청난 충격을 받게 되었다. 그러나 재세례파에 의해 점령된 뮌스터는 1년도 안 된 1535년 6월

칼뱅은 자신의 저서에서 기독교 교리의 가장 핵심적인 내용을 설명하려고 했다. 따라서 그는 저서에서 십계명, 사도신경, 주기도문, 성례를 다루었고, 다섯 가지의 거짓 성례전, 기독교인들의 자유, 교회와 국가의 관계를 첨가했다.[102] 칼뱅은 초대 교회부터 초신자들이 세례를 받는 과정에서 믿어야 할 내용으로 사도신경을, 신앙생활의 표준으로 십계명을, 하느님께 드리는 기도의 표준으로 주기도문을, 교회의 표준적 성례로 세례와 성찬을 언급했다. 또한 칼뱅은 이러한 내용을 토대로, 종교개혁이 진행되면서 가톨릭교회가 시행한 성례 가운데 세례와 성찬을 제외한 다섯 가지 성례전이 왜 잘못되었는가를 지적했다. 칼뱅의 '기독교 강요'는 1539년, 1543년, 1550년의 개정판에 이어 1559년 최종판이 출간되었으며, 개혁교의 가장 탁월한 문서로 인정받게 되었다.

칼뱅이 구체적으로 종교개혁에 관여하게 된 것은 잠시 제네바를 경유하던 중 기욤 파렐(G. Farel: 1489-1565)의 권유를 받고 개혁 작업을 시작하면서부터였다.[103] 칼뱅이 제네바에 오기 얼마 전인 1536년 5월 21일의 시민총회에서 '모든 미사들

25일 가톨릭 세력에 의해 함락되었다. 이후 시의 모든 주민들은 처형되었다. 새로운 다윗은 부하 2명과 함께 혹독한 고문, 즉 뜨거운 쇠로 인두질 고문 끝에 목숨을 잃었다. 이후 이들의 시신은 모든 사람들을 향한 하나의 본보기로서, 철로 만든 우리 안에 갇힌 채 성 람베르트(Lambert) 교회 꼭대기에 걸렸다. 그리고 이후부터 재세례파는 유럽 전역에서 가혹한 박해를 당했다.

102 칼뱅이 언급한 다섯 가지의 성례전은 성세성사, 성체성사, 견진성사, 고백성사, 그리고 병자성사를 지칭한다.

103 루터의 설교에 감명 받은 파렐은 1532년부터 제네바에서 설교했다.

과 다른 의식들, 교황의 폐단들, 그리고 이미지 및 우상들을 버리기로' 결정했다. 이후부터 칼뱅과 파렐은 제네바를 이상적인 기독교 공동체로 만든다는 개혁을 구상했고 그것에 따라 실행했지만 그들의 이러한 시도는 일단 실패로 끝나게 되었다. 이후 제네바의 정치상황은 그들에게 불리하게 진행되었다. 더 이상 이 도시에 머물 수 없게 되었을 때 칼뱅은 마르틴 부처(M. Bucer: 1451-1551)[104]의 요청을 받고 스트라스부르의 프랑스 이민자들 교회에서 목회활동을 하게 되었으며 그곳에서 그는 3년 이상 머무르게 되었다.[105] 그런데 이 기간은 칼뱅이 스트라스부르의 종교개혁 과정을 지켜보면서 배우는 시기였으며, 종교개혁가로 성숙하게 된 시기였다.

1541년 9월 13일 제네바는 다시 칼뱅을 초빙했다. 이전보다 더 신중하고 준비된 개혁가로서 칼뱅은 제네바 시민들의 교회생활과 사회생활의 지침서로서 '교회규범'을 마련하고 교회법원의 제도를 도입하는 등 활발하고도 구체적인 개혁 작업을 펼쳤다.[106] 그러나 이러한 모든 과정이 순조로운 것

104 마르틴 부처는 도미니크 교단의 탁발수도승이었으나 교단을 떠나 1522년 전직 수녀와 결혼했다. 그리고 다음해 인 1523년 스트라스부르로 갔다. 여기서 그는 독일과 스위스 개혁파와 교회를 연합시키려는 노력을 펼쳤고 거기서 루터파와 츠빙글리파 사이에서 중재를 시도하기도 했다. 그리고 이 인물은 개혁교회 직제론의 근간인 교회의 4중직(목사, 교사, 장로, 집사)과 권징도 도입했다.

105 칼뱅은 1540년 이델렛 드 뷔르(Idelette de Bure)와 결혼하여 몇 명의 자녀를 두었으나 이들은 오래 살지 못했다.

106 이 규범에서는 교회의 네 직임으로 목사, 교사, 장로, 집사를 제시했는데 이 직제는 부처가 주장했던 것이다. 장로는 의회에서 12명을 선출하도록 했으며, 이들은 목사들과 더불어 당회(Consistoire)를 구성했다. 그런데 당회에서는 권징의 문

은 아니었다. 계속적인 정치적 파고와 신학적 논쟁에 따라 개혁 작업은 위협을 받기도 했으나, 1553년에 발생한 세르베투스(M. Servetus: 1511-1553) 사건 이후 칼뱅은 제네바에서 자신의 정치적 입지를 확고히 하면서 개혁 작업을 성공적으로 완수했으며 제네바를 개신교 개혁의 한 모델로 제시했다.[107] 제네바의 종교개혁은 신정국가 건설을 목표로 했고, 처음부터 교회와 시의회가 밀접한 협력관계를 유지하면서 이루어졌다. 이 당시 도시의 최고 권력은 12명의 평신도 장로와 5명의 목사로 구성된 당의회가 장악했다. 칼뱅은 의장의 직무를 수행한 적은 없지만, 1564년 5월에 사망할 때까지 당의회의 결정

제들이 취급되었는데, 권고해도 회개하지 않으면 출교시키고, 죄가 무거울 경우 시 당국에 넘겨 처벌받게 했다.

107 칼뱅과의 서신 교환에서 세베르투스는 유아세례를 마귀적인 교리라 했고, 원죄 역시 부인했으며, 삼위일체를 머리가 셋 달린 케르베로스(Cerberus: 그리스 신화에서 죽음을 관장하던 하데스(Hades)의 지하세계를 지키는 머리가 셋이고 꼬리는 뱀과 같은 개인데 저승 입구에서 지하세계로 들어온 영혼이 나가지 못하도록 감시하는 역할을 담당하고 살아 있는 사람이 지하세계에 들어가는 것도 허용하지 않는다)에 비유했다. 그리고 이 인물은 예수가 하느님의 영원하신 아들이 아니라 신적인 존재가 된 인간에 불과하다라는 관점을 제시하기도 했다. 또한 세베르투스는 자신이 그리스도의 적들을 대적하는 천사장 미카엘(Michael: 지식은 물론 용맹함까지 갖춘 천사계의 제1인자)이라는 주장도 펼쳤다. 이러한 세베르투스의 관점에 대해 칼뱅은 '만일 이 인물이 제네바에 나타난다면 살아남지 못할 것이다.'라고 대응했다. 그런데 세베르투스는 토요일에 제네바에 도착했고 다음날에는 칼뱅의 교회에도 나타났다. 칼뱅의 예견대로 이 인물은 체포되었고 1553년 10월 27일 화형에 처해졌다. 그런데 칼뱅은 세베르투스의 화형선고 소식을 받은 직후 제네바 소의회에 화형대신 고통이 덜한 참수형으로 바꾸어 달라고 요청했지만 거절당했다.

에 지대한 영향을 끼쳤다.[108] 당의회는 법안을 통과시키는 일 이외에도 도덕적 감시 역할도 담당했다. 교회회의에서 파견한 감시인은 불시에 가정을 방문하여 가족들의 생활을 감시했다. 실제로 제네바에서는 온건한 오락도 금지되었고 춤, 카드놀이, 연극 관람, 안식일에 노동하거나 노는 행위 등을 악마의 소행으로 간주했다. 또한 여인숙 주인은 식사기도를 거부하는 손님들에게 먹을 것이나 마실 것을 제공하지 않았고 손님들이 9시경에 잠자리에 들게끔 했다. 살인이나 반역뿐만 아니라 간음, 마술, 신성모독, 이단 등도 사형과 같은 중죄로 다스렸다.[109] 이 당시 칼뱅은 신자 생활을 유지시키기 위해 하느님께서는 세 가지 기구를 주셨다고 했는데 그것은 바로 교회, 성례, 정부라 했다. 교신자 삶에 정부의 적극적 지원이 필요하다는 관점을 가졌던 칼뱅은 교회의 영적 문제는 성직자들에게 주어진 임무이기 때문에 정부가 간섭해서는 안 되는 분야라고 강조했다. 그럼에도 불구하고 그는 정부가 교회의 외형적 활동에서 일정한 역할을 담당해야 한다고 했다. 정부가 담당해야 하는 역할 중에는 올바른 교회를 보호하고 지원하는 일도 포함되었다. 종교개혁을 위해 세속권력과 제휴한 제네

---

108 루터와 마찬가지로 칼뱅 역시 여러 가지 질병으로 오랫동안 고통을 겪었다. 관절염, 담석, 폐결핵, 장염, 치질, 변비, 편두통 등의 질병은 커다란 고통과 호흡곤란을 야기시켰다. 그런데 칼뱅이 이러한 질병들보다 훨씬 더 괴로워했던 것은 하느님을 향한 신뢰와 통제하며 얻고자 하던 자신의 필요 사이에서 느꼈던 내적 긴장이었다.

109 칼뱅의 신정정치가 처음 4년 동안 집행한 사형건수는 58건에 달했다.

바의 개혁은 루터보다는 츠빙글리의 개혁방법에 더 가까웠다. 제네바 모델은 각 국의 개혁가들에 의해 답습되었고 곧 유럽의 곳곳에서 개혁교회들이 설립되기 시작했다. 그 대표적인 예가 스코틀랜드의 장로교회[110], 프랑스의 위그노파, 네덜란드의 개혁교회, 영국의 청교도, 그리고 이후 신대륙에 세워진 회중교회 등이다.

칼뱅의 종교개혁이 국제적으로 성공한 개혁이 된 것은 그의 '기독교강요'가 사람들에게 회자되면서 각 지역에서 종교개혁사상을 대변했던 점과, 유럽 각 지역에서 온 많은 개혁가들과 학생들이 제네바 아카데미에서 교육을 받고 본국으로 돌아가 개혁교 전통을 세운 데서 그 주요 원인을 찾을 수 있을 것이다.

칼뱅은 아우구스티누스의 신학적 기초에 당시의 주요 개혁가들의 신학사상을 계승하고 정리했다. 이 당시 종교개혁가들이 중세 교회에 대해 비판을 제기할 때 가장 중요한 이슈로 등장한 것은 구원론과 인간론이었는데, 이러한 구도는 칼뱅에게도 예외는 아니었다. 그는 루터와 마찬가지로 구원에 대해 인간의 역할은 전무하며 전적으로 하느님의 은혜만으로 가능하다는 주장을 펼치면서 하느님의 주권사상을 강화시켰다. 이러한 관점에서 칼뱅이 발전시킨 것은 아우구스티누스

---

110 장로교회는 교회구성원, 즉 회중대표인 장로들에 의해 운영되는 구조를 뜻한다. 각각의 교회는 목사와 장로로 구성되는 당회(session)에 의해 처리되며, 노회(presbytery), 대회(synod), 총회(general assembly)의 상부구조를 가진다.

의 예정론이었으며 이는 칼뱅주의의 주요 쟁점이 되기도 했다. 레이덴의 야코부스 아르미니우스(J. Arminius: 1560-1609)는 칼뱅주의의 예정론적 구원론에 대해 문제점을 지적하고, 구원에 있어서 인간의 선택 및 책임을 강조했다.[111] 아르미니우스는 인간들이 복음을 믿기 때문에 이들이 구원을 받지 못할 만큼 부패하지 않으며 복음을 반드시 받아들여야 할 정도로 하느님의 통제도 받지 않는다고 했다. 또한 구원받을 사람들은 이미 하느님이 그들을 선택한 것에 대해서 안다고 했다. 그리고 그에 따를 경우 그리스도의 죽음은 어떤 사람의 구원도 보장하지 않고 다만 누구든지 믿으면 구원받을 수 있다는 것이었다.[112]

1618년 11월부터 다음 해 5월까지 네덜란드 도르트레히트(Dordrecht)에서 개최된 개혁교회 총회에서 아르미니우스의 가르침은 반박되었고 5개의 칼뱅주의 강령이 채택되었다.[113]

---

111 아르미니우스는 1582년 제네바에서 칼뱅의 후계자였던 베즈(T. de Beze: 1519-1605: 이 인물은 칼뱅이 1559년 제네바에 설립한 대학의 학장으로 취임했다. 또한 이 인물은 칼뱅이 사망한 후 그 후임목사로 활동했고 개혁파를 대표하는 신학자 또는 교회정치가였다.)의 가르침을 받았으며, 암스테르담으로 돌아와 1588년 목사 안수를 받았다. 그리고 1603년부터 레이덴 대학교 신학부 교수로 활동했다. 이 인물은 교수생활의 마지막 6년 동안 같은 대학의 동료 교수였던 고마루스(F. Gomarus: 1563-1641)와 치열한 신학논쟁을 펼쳤다.

112 아르미니우스가 죽은 지 1년도 안된 1610년 그의 추종자들은 칼뱅주의와의 불일치를 담은 항변(Remonstrance)문서에 서명하여 그의 사상을 지지했다.

113 이 회의에서 아르미니우스주의는 정죄를 받았고, 아르미니우스 파들은 쫓겨났다. 그러나 1629년 아르미니우스의 저서들이 레이덴에서 출간되었고, 1630년에는 항변파가 신앙의 자유를 보장받았으며 1795년에는 네덜란드에서 공식적인

그것은 곧 하나님의 무조건적인 예정, 그리스도의 제한적 구속, 인간의 완전한 타락, 거부할 수 없는 하느님의 은혜, 성도의 견인 등을 지칭한다. 이 다섯 가지 강령이 개혁교 전통의 본질적 관점들 모두를 포함하지는 않았지만, 역사적으로 개혁교 전통의 가장 중요한 특색이라는 것을 부인할 수도 없을 것이다. 칼뱅은 루터처럼 교회를 말씀이 선포되고 성례전이 온전하게 이루어지는 곳으로 정의했지만 여기서 한 가지 요소를 더 추가했는데, 그것이 바로 교회의 권징제도였다. 교회는 교인들의 올바른 윤리적 삶을 장려하고 관장하는 곳이며 때로는 출교 조치를 취할 수 있다고 보았다. 여기서 칼뱅은 율법을 기독교인들의 생활지침서로 간주했으며 루터보다 율법을 더 긍정적으로 이해하려고 했다. 교회처리는 장로주의 형태를 취했으며 직위는 목사, 교사, 장로, 집사를 두었다. 여기서 장로는 평신도인 시의회의 의원들에 의해 구성되어 교회법원이 관장하도록 했다.

실제적으로 칼뱅의 영향은 교회를 넘어 유럽사회 전체에 커다란 영향을 끼쳤다. 특히 상업과 노동, 임금, 이자, 복지 등에 끼친 그의 영향은 베버의 '프로테스탄티즘의 윤리와 자본주의 정신'에서 확인되었다. 칼뱅은 경제영역에서의 구원에 대해 깊은 관심을 가졌다. 철저한 금욕주의를 강조한 중세교회와는 달리 칼뱅은 모든 물질이 하느님의 축복에서 비롯된다는 관점을 가지고 있었다. 여기서 그는 이자, 상업 활동, 사

종파로 인정되었다.

유재산을 인정했고 직업의 귀천을 넘어선 소명도 강조했는데 이것은 당시 스위스를 중심으로 활성화된 상업 및 산업 세력이 그를 지지한 데서 비롯된 것 같다.[114] 그러나 칼뱅은 탐욕까지 허용하려고 하지는 않았는데 그것은 약자를 배려해야 한다는 자신의 경제관과 정면으로 대치되었기 때문이다. 여기서 칼뱅은 생산적 활동을 위한 이자를 허용했지만 가난한 사람들에 대한 고리대금은 반대했다. 또한 이 인물은 상업 활동에서 매점매석, 폭리, 그리고 독점을 시도할 경우 살인자라 규정했고 사유재산 및 부는 반드시 공공의 선과 이익을 위해 써야 한다고 했다.[115] 여기서 칼뱅은 가난한 사람들은 하느님이 부자들의 사랑을 실험하기 위해 보낸 하느님의 대리자라 언급했고 일자리나 임금을 가로채는 것은 하느님의 은혜를 빼앗는 것이라고 정의했다.

영국의 종교개혁

유럽 대륙에서 종교개혁이 진행되었던 시기 영국에서도 같은 상황이 전개되었다. 그런데 영국에서의 종교개혁은 대륙과는 달리 위정자의 주도로 진행되었고 거기서 로마교회적 요소의 근간이 그대로 유지되는 한계성도 나타났다.

---

114 이 당시 칼뱅은 상공업을 천부적인 직업으로 보았다. 중세교회가 아리스토텔레스(Aristoteles)의 이론에 따라 화폐에 증식성이 없다고 본 것과는 달리 칼뱅은 산업자금의 증식성을 인정하고자 했다.
115 칼뱅은 사유재산제도를 타락한 인간들을 견제하기 위한 신적인 제도라고 했다.

절대왕정체제의 근간을 확립한 헨리 7세(Henry VII: 1485-1509)가 죽은 후 그의 아들인 헨리 8세(Henry VIII: 1509-1547)가 1509년 4월 21일 18세의 나이로 등극했다.[116] 이 인물은 왕위에 오르기 전에 훌륭한 교육을 받았으며, 탁월한 능력의 소유자이기도 했다. 또한 남을 설득시킬 수 있는 언변과 온정 및 예의범절까지 고루 갖춘 군주였다. 그러나 무자비한 독재성과 잔인한 이기심도 함께 가진 인물이기도 했다.

---

116 절대주의(Absolutism)는 동방적 전제주의와는 달리 봉건적 정치체제로부터 근대 시민적 민주정치로 이행하는 과정에서 나타난 정치체제이다. 따라서 절대왕정 또는 절대주의 국가는 봉건 영주들이 주도한 지방분권적 정치체제를 탈피하고 강력한 왕권을 중심으로 사법, 행정, 그리고 군사적인 측면에서 중앙집권이 이루어진 근대 초기의 국가라 하겠다. 절대왕정이란 국왕이 자신의 관료조직과 군사조직을 바탕으로 전 영토에 걸쳐 국가권력을 실질적이고 효과적으로 행사하는 정치체제를 말한다. 그러나 이러한 정치체제하에서 부각된 왕권의 절대성은 중세의 봉건적 권력에 대비할 경우에만 그 유효성을 가질 수 있는데 그것은 이러한 절대성이 고대 이집트의 파라오(Pharaoh)나 로마 황제의 그것과 비교할 정도가 아니었기 때문이다. 절대왕정체제를 유지하는 데 가장 중요한 요소로는 관료제와 상비군을 들 수 있다. 국가의 통치 및 행정에서 국왕의 의사를 충실히 수행하는 관료집단은 왕권강화의 필수적 요소라 하겠다. 그런데 관리들의 대다수는 귀족이 아닌 평민, 다시 말해서 중산층 또는 시민 계층이었고 이들은 봉토 대신에 봉급을 받았다. 그러므로 보다 많은 관리들을 채용하기 위해서는 국가의 재정 지출증가가 요구되었고 그것은 국왕으로 하여금 보다 많은 재원을 확보하게 하는 요인으로도 작용했다. 그리고 상비군의 상당수는 용병으로 충당되었으며 직업상의 위험 때문에 이들은 주로 낙후된 지방의 주민들과 하층민들로 충당되었다. 용병은 실업해소와 유랑민을 억제할 수 있는 효과를 가져왔으며 상비군 유지는 상공업발전에도 자극제가 되었는데, 특히 전쟁이 발생하는 경우 무기제조업자와 군납업자들은 많은 이익을 보기도 했다. 이러한 절대왕정체제에 대해 이론적 근거, 즉 왕권신수설을 제시한 인물들은 프랑스의 정치사상사 겸 역사가였던 보댕(J. Bodin: 1520-1596)과 루이 14세(Louis XIV)의 아들을 개인적으로 가르쳤던 모(Meaux) 주교 보쉬에(J. Bossuet: 1627-1704)였다.

헨리 8세의 형이었던 아서(Arthur; 1485-1509)가 1502년 불치병, 즉 폐결핵으로 죽게 됨에 따라 헨리 7세는 자신의 둘째 아들인 헨리 8세로 하여금 형수인 캐서린(Catherine: 1485-1536; Aragón Ferdinand II의 셋째 딸)과 결혼하게끔 했다.[117] 이 당시 헨리 7세는 캐서린의 막대한 지참금에 대해 관심을 보였을 뿐만 아니라 강대국으로 성장하고 있던 에스파냐와의 우호관계도 고려해야 한다는 생각을 가지고 있었다. 따라서 헨리 7세는 캐서린과 헨리 8세의 결혼에 대해 소극적이었던 에스파냐의 입장을 움직이기 위해 에스파냐와 프랑스 사이의 전쟁에 기꺼이 참여하겠다는 의사를 밝히기도 했다. 이후 영국과 에스파냐 사이에 결혼동맹체제가 성사되었다.

1503년 12월 26일 당시 교황 율리오 2세의 승인을 받아 헨리 8세와 캐서린은 부부가 되었다. 18년간 지속된 결혼생활에서 모두 6명의 자녀가 있었으나 태어난 아들 모두는 유산되거나 유아 때 죽고 딸 메리(Mary: 1516-1558)만이 유일하게 살아남았다. 점차적으로 헨리 8세는 형수와의 결혼이 성서의 가르침을 위배한 것이며 태어난 아이들이 죽은 것은 그 결혼에 대한 신의 징벌에서 비롯된 것이라는 생각을 가지게 되었다.[118] 아울러 헨리 8세는 튜더(Tudor) 왕조를 지키기 위해서는

---

117 아서와 캐서린은 1501년에 결혼했다.
118 이 당시 헨리 8세는 성경을 뒤적이다가 '레위기(Leviticus)'에서 다음의 문구를 발견했다.
"형제의 미망인과의 결혼을 불허하며 만일 그러한 결혼을 할 경우 그 결혼에는 후사가 없으리라."

아들이 반드시 필요하다는 생각을 가지게 되었다. 이에 따라 헨리 8세는 캐서린과 이혼하고 젊은 시녀이자 한 때 자신의 애인이었던 메리 불린(M. Boleyn)의 언니였던 앤 불린(A. Boleyn: 1507-1536)과 결혼하려고 했다.[119] 그러나 로마교회는, 특히 교황 클레멘스 7세(Clement VII: 1523-1534)는 이러한 헨리 8세의

레위기는 히브리어로 'Wayiqra(그리고 그가 불렀다)'를 뜻한다. 이 책은 원래 율법서이지만 약간의 이야기(8-9,10: 1-7, 10: 16-20, 24: 10-14)도 들어 있다. 그리고 이 책은 첫째, 희생법, 둘째, 사제의 취임 및 사무를 관장하는 법, 셋째, 제의적인 정결에 관한 법, 넷째, 거룩한 백성이 되기 위해 지켜야할 법, 다섯째, 성전 제물 및 종교적 서원을 위해 바치는 제물에 관한 부록으로 구성되었다.

미국의 고고학자 휘트리(C. Whitley)와 인류학자 크레이머(K. Kramer)는 최근에 실시한 헨리 8세에 대한 부검에서 영국인의 0.2%만이 가지고 있는 Kell-항원체를 헨리 8세도 가졌는가를 조사했다. 여기서 이들은 헨리 8세 역시 Kell-항원체를 가졌음을 확인했다. 일반적으로 Kell-항원체를 가진 사람이 자손을 얻기 위해서는 이 항원체에 대해 음성적 혈액을 가진 여자와 결혼해야 하는데 헨리 8세의 첫 번째 부인인 캐서린과 두 번째 부인인 앤 불린은 그렇지 못했다. 따라서 헨리 8세와 이들 왕비들 사이에 태어난 아이들은 유전적 요인으로 유산되거나 일찍 죽을 수밖에 없었다. 그리고 Kell-항원체는 X-항원체에 대한 유전자변이를 유발시키기 때문에 이러한 항원체를 가진 사람들은 다른 사람들 보다 일찍 육체적 그리고 정신적 쇠약현상을 맞이하게 되는데 헨리 8세 역시 그러한 증세에서 벗어나지 못했다. 실제적으로 헨리 8세는 40살이 된 이후부터 급격히 진행되는 육체적 그리고 정신적인 쇠약현상을 호소했었다.

[119] 헨리 8세는 재위 기간 중 모두 6명의 부인을 맞이했다. 캐서린과 이혼한 후 헨리 8세는 앤 불린과 결혼했지만 아들을 얻지 못하게 됨에 따라 그녀를 간통죄로 처벌했다. 한 달도 안 되어 그는 앤 불린의 시녀였던 시모어(J. Seymour)와 결혼했고 거기서 에드워드(Edward)라는 아들을 얻었다. 그 뒤 헨리 8세는 신교국과 연합하려는 의도를 가진 크롬웰의 설득으로 독일 루터파 귀족의 딸과 결혼했는데 그녀가 넷째 왕비인 클레브스의 안네(Anne of Cleves)였다. 이 여인은 단지 영어를 못한다는 이유로 이혼을 당했다. 다섯째 왕비는 19세의 캐서린 하워드(Catherine Howard)였는데 그녀는 1542년 간통죄로 죽임을 당했다. 1543년 헨리 8세는 캐서린 파(Catherine Parr)와 여섯 번째 결혼을 했다.

계획에 동의하지 않았는데 그것은 헨리 8세와 로마교회 사이의 관계를 악화시키는 계기가 되었다.[120] 이 당시 헨리 8세는 자신과 캐서린 사이의 결혼을 무효라는 주장을 펼쳤는데 그 근거로 캐서린이 아서와의 결혼을 통해 이미 순결을 잃었다는 것이다. 또한 자신이 형수와 결혼한 것은 레위기(Leviticus)에 어긋나는 비성적 결혼이기 때문에 율리오 2세의 관면 역시 효력이 없다는 것을 또 다른 이유로 제시했다. 결혼문제로 교황과 대립하기 이전, 즉 1521년 헨리 8세는 '루터에 대한 반박문', 즉 '7성사옹호론(Assertio septem sacramentorum adversus Martinum Lutherum)'을 작성하여 교황 레오 10세로부터 '교회보호자(Defensor Fidei)'라는 칭호를 부여받는 등 양측 사이의 관계는 비교적 원만했다. 로마 교황으로부터 교회보호자라는 칭송까지 받았던 헨리 8세는 의회를 활용하여 자신의 관점을 관철시키려고 했다. 이에 앞서 헨리는 캔터베리(Canterbury) 성직자 회의에 압력을 가해 영국교회의 최고권위자가 바로 자신임을 승인시켰다.

1529년에 소집된 개혁의회는 로마교회와의 결별을 선언했다. 아울러 여기서는 헨리 8세의 종교정책을 적극적으로 지지한다는 성명도 발표되었다. 다음 해 영국의 성직자들은 국왕의 최고 상소법원권을 인정하지 않았다는 죄명으로 체포되었다. 1532년 성직자의 첫해 수입을 교황에게 바치는 초입세

---

120 이 당시 교황과의 협상을 이끈 추기경 울지(Wolsey)는 헨리 8세로 부터 배격되었다.

헨리 8세

도 폐지되었다.[121] 2년 후, 1534년 11월 수장령(Act of Supremacy) 이 발표되었는데 여기서는 헨리 8세가 영국교회의 수장(Su-preme Head)이라는 것이 명시되었다.[122] 그리고 위의 법을 거부 하는 자는 반역법(1534)에 따라 왕에 대한 대역죄로 처벌할 수

---

121 1533년 5월 캔터베리 대주교는 헨리 8세와 앤 불린의 결혼을 승인했다.
122 수장령의 원문 중 중요한 부분을 언급하면 다음과 같다.
　'국왕 폐하는 법적으로 영국교회의 수장이신데 그것은 우리나라의 성직자들이 여러 차례에 걸친 성직자 회의에서 승인한 사안이다. 그러나 이를 더욱 확실히 하기 위해, 그리고 영국에서 기독교의 공덕을 증대시키고 지금까지 국내에서 행해진 죄악과 이단 및 그 밖의 범법행위와 폐단을 제거하기 위해서, 본 회의의 권한으로 다음의 법령을 정한다. 우리의 국왕폐하 및 폐하를 계승할 여러 왕들은 영국교회의 유일한 최고의 수장으로 간주되며, 인정되어야 한다. 뿐만 아니라 이들은 영국교회의 최고수장으로서의 권위에 포함된 모든 영예·존엄·지엄·재판권·면죄권·수익·재화를 소유하며 향유한다.'

있다는 것도 거론되었다. 1536년부터 시작된 수도원 몰수작업은 1539년까지 계속되었다.[123] 헨리 8세는 몰수한 수도원의 2/3를 매매했는데 그것은 토지의 합리적 경영으로 강력한 후원 세력을 얻는 데 목적이 있었다. 이러한 정책을 펼쳤음에도 불구하고 헨리 8세는 정통 기독교 교의를 근본적으로 수정하지는 않았다. 로마교회의 교리를 규정하고 있는 이른바 6개법(1539)은 전통적 성사나 성직자의 독신제를 지키게 했고, 교회의 미사로써 성찬의 빵과 포도주가 그리스도의 살과 피가 되는 화체설을 인정했으며, 성직자의 조직에도 아무런 변경을 가하지 않았다.[124]

---

123 헨리 8세는 수도사와 수녀들이 서약을 포기할 경우 연금을 주겠다는 회유책도 썼다.

124 엘리자베스 1세(Elisabeth I: 1558-1603)가 후계자 없이 사망함에 따라 튜더왕조 (1485-1603)는 단절되었다. 이에 따라 스코틀랜드의 스튜어트(Stuart)왕조가 1603년부터 영국을 통치하기 시작했다. 1603년에 등극한 제임스 1세(James I: 1603-1628)는 예배 개혁과 보다 엄격한 종교적 규율을 요구하던 청교도(Puritans)들에 대해 부정적인 시각을 가졌을 뿐만 아니라 그들에 대한 종교적 탄압도 주저하지 않았다. 이 당시 청교도들은 영국 국교에 여전히 남아 있는 가톨릭 의식들을 영국 교회로부터 배제시켜야 한다는 견해를 제시했다. 즉 이들은 성찬식, 교회예술이나 교회음악을 부정했을 뿐만 아니라 성경읽기, 신과 개인의 관계, 도덕, 그리고 설교의 중요성을 부각시키려고 했다. 제임스 1세의 종교적 탄압이 본격화됨에 따라 청교도들은 그러한 박해로부터 벗어나기 위해 1608년부터 신대륙으로 이주하기 시작했다. 이들의 본격적인 이주는 1620년 11월 21일 102명의 청교도, 즉 필그림 파더스(Pilgrim Fathers)가 메이플라워(May Flower)를 타고 신대륙으로 떠난 이후부터라 하겠다.

가톨릭 개혁

루터 및 칼뱅의 종교개혁 이후 신교가 유럽에서 확산됨에 따라 기존의 가톨릭교회도 내부적인 개혁을 통해 당시 상황을 극복하려고 했다. 1534년 에스파냐 바스크(Basque) 귀족 출신의 장교였던 로욜라(I. de Loyola: 1491-1556)는 가톨릭교회의 본래 이상을 실현하기 위해 파리에서 전투적 예수회(Jesuits)를 조직했다. 로욜라는 전쟁에서 얻은 부상으로 삶에 대한 근본적 성찰을 하면서 신앙 세계에 몰입했다. 여기서 그는 토머스 아 켐피스의 '그리스도를 본받아'를 읽으면서 영성의 신비를 경험하고 '영적 훈련'이라는 저서를 썼다. '영적훈련'에서는 자신을 극복하고 온전히 하느님의 의지에 복종하려는 묵상과 훈련에 관한 내용들이 언급되었다. 1540년 교황 바오로 3세(Paul III: 1534-1549)로부터 승인된 이후 예수회에 속한 수도사들은 선교활동을 통해 프로테스탄트에게 빼앗긴 지역을 회복하고 아시아와 아메리카에서 새로운 개종자를 얻으려고 했다.[125] 특히 이들은 수도생활에 전념했던 이전의 수도사들과는 달리 설교와 강론 등을 통해 자신들의 교리를 적극적으로 전파하려고 했다. 1545년 12월 13일 이탈리아 북부 트렌토에서 개최된 공의회에서는 가톨릭교회의 전통적 교리가 옳다는 것이 재확인되었다.[126] 또한 여기서는 교황이 가톨릭교회의

---

125 수도사들의 노력으로 1544년부터 쾰른, 빈, 프라하에서 예수회를 추종하는 세력이 증대되기 시작했다.

수장으로서 지니는 최고의 권위인 수위권이 재확립되었고, 구원에는 믿음뿐만 아니라 선행 역시 동반되어야 한다는 것이 거론되었다. 아울러 연옥의 존재 및 성인공경의 가치를 재확인했고 7성사와 불가타 성경의 효력도 인정했다. 또한 교회폐단으로 지적된 성직매매 및 성직겸직을 금지했으며 성직자의 독신제도를 강화하고 성직자의 자질향상을 위한 체계적 교육의 필요성도 강조되었다. 마지막으로 금서목록을 공포하는 등 가톨릭 교리에 위배되는 사상의 확산을 물리력 동원을 통해서라도 차단해야 한다는 결의가 있었다. 이러한 자체 정화 운동으로 가톨릭교회는 프로테스탄트에게 잃었던 세력의 상당 부분을 회복하는 데 성공했다.[127] 그러나 17세기 말과 18세기 초에 프로테스탄트와 가톨릭에서 기존의 정통성을 부정하는 움직임이 나타나기 시작했다. 우선 가톨릭에서는 얀센주의(Jansenismus)가 가톨릭교회가 가지고 있던 미신적 요소를 제거하려고 했다.[128] 신교에서도 많은 사람들이 슈페네

---

126 이 공의회는 18년 동안 개최되었다.
127 교황 그레고리우스 13세(Gregory XIII: 1572-1585)는 1582년 기존의 율리우스력〔기원전 46년 케사르(J. Caesar)가 제정〕을 그레고리력으로 변경시켰다. 그리고 지난 백년간을 재산정하는 과정에서 10일이 초과되었기 때문에 1582년 10월 4일이 같은 해 10월 15일로 변경되었다. 신교도들은 이러한 로마 교황청의 명령을 수용하지 않았기 때문에 1700년까지 양 종파는 10일간의 차이를 고수했다.
128 벨기에 루뱅 대학의 신학 교수였던 얀센(C. O. Jansen: 1585-1638)은 아우구스티누스의 신학사상에 대해 관심을 표명했다. 얀센은 원죄로 인해 타락한 인간은 죄와 욕정으로부터 자유롭지 못하기 때문에 오로지 신의 은총을 통해서만 자유로워 질 수 있다는 주장을 펼쳤다. 여기서 얀센은 하느님께서 예정하신 사람들에게 구원을 확실하게 하는 효과적인 은총을 주시며, 그것을 받은 사람들은 반

(P. J. Spene: 1635-1705)[129]의 외침, 즉 직접적인 종교적 체험, 개인과 신 사이의 직접적인 관계, 성경에 대한 개인적 이해를 토대로 한 적극적인 기독교 삶 등을 회복해야 한다는 요구에 호응했다. 이것이 바로 경건주의인데, 경건주의자들은 종교개혁이 인간의 삶을 크게 변화시키지 못한 채 신학적 차원에서 벗어나지 못하고 있다는 주장을 펼치면서 종교개혁을 마무리해야 한다는 기치를 내걸었다. 이들은 회심과 거듭남의 체험이 각 개인들을 새로운 기독교적인 삶으로 이끈다는 주장을 펼쳤다. 따라서 이들은 소집단별로 비밀리에 모여, 성경을 읽고 기도하며 신성한 삶을 영위하는 경험도 공유하려고 했다.

드시 선을 행하게끔 되어 있다고 주장했다. 이렇게 얀센이 가톨릭 신학에 아우구스티누스의 신학을 접목시켰지만, 예수회가 보기에 얀센의 주장은 칼뱅주의 신학을 연상하기에 충분했다. 실제적으로 얀센은 은총설, 예정설, 예수재림설을 강조하면서 칼뱅주의와의 접근도 모색했다. 이에 따라 얀센주의는 1653년 교황 인노첸시오 10세(Innocent X: 1644-155)로부터 단죄되고 이후에도 여러 교황으로 단죄되었지만 이 주의는 프랑스뿐만 아니라 이웃의 여러 나라들로 파급되면서 오랫동안 신자들의 신심생활, 특히 윤리생활에 커다란 영향을 끼쳤다.

129 슈페네는 독일 경건주의 운동의 대표적 인물이었다.

5. 신교와 구교의 대립:
30년 종교전쟁 (1618-1648)

전쟁발생 이전의 상황

아우구스부르크 종교회의 이후 신성로마제국은 외형상 평화
를 유지했다. 그러나 이 종교회의는 구교 및 신교 모두를 만
족시키지 못했다. 그럼에도 불구하고 제국의 제후들은 더 이
상의 분쟁을 원하지 않았기 때문에 전쟁은 발생하지 않았다.

이 당시 오스트리아의 국왕이자 신성로마제국의 황제였
던 마티아스 1세(Matthias I: 1608-1619)는 왕국을 구교로 단일화
시키려는 의도를 가지고 있었다. 따라서 그는 신교 지역이었
던 보헤미아 지방에 대한 종교적 탄압을 본격화하기 시작했
다. 이에 따라 그는 가톨릭 소유 토지에 세워졌던 브라우나우
(Braunau) 신교교회와 클로스터그라브(Klostergrab) 신교교회를
1611년과 1614년에 파괴시키면서 자신이 1609년 신교도들
에게 가톨릭 소유지역이 아닌 황제 소유지역에서 그들의 교
회를 세울 수 있음을 분명히 밝혔다고 언급했다. 이러한 언급
과 빈 정부의 후속조치, 즉 프라하 개신교도들의 집회를 금지
시킨 것에 대해 보헤미아 귀족들은 강한 불만을 표시했고 그

것은 이들에 의해 1618년 5월 23일 보헤미아 총독이었던 마르티니츠(Jaraslaw v. Martinitz: Jaroslav Bořita z Martinic: 1582-1649)와 슬라바타(Wilhelm v. Slavata: Vilém Slavata z Chlumu a Košumberka: 1572-1652)가 프라하 성문 밖으로 던져짐으로써 구체화되기 시작했다. 또한 귀족명감작성자(Landtafelschreier)였던 파브리치우스(P. Fabricius)도 이들과 같이 투척되었다.[130] 그런데 투척된 3인은 거의 다치지 않았는데 이것에 대한 가톨릭과 프로테스탄트 측의 설명은 달랐다. 가톨릭의 설명을 따를 경우, 20미터 높이에서 떨어지는 마르티니츠, 슬라바타, 그리고 파브리치우스를 성모마리아가 옷자락으로 받아 안전하게 땅에 내려놓아 그들의 뚱뚱한 몸이 아무런 해도 입지 않았다는 것이다. 이에 반해 프로테스탄트는 그들이 분뇨더미 위로 떨어졌기 때문에 다치지 않았다는 세속적인 언급을 했다.

30년전쟁의 시발점이 되었던 이 사건은 후에 '프라하 창밖 투척사건(Prager Fenstersturz; Defenestration of Praha)'으로 불리게 되었다.[131]

빌라 호라 전투

보헤미아 귀족들은 '30인 집행위원회(Direktoren)'를 구성했고

---

130 프라하 창문 투척을 주도한 인물은 투른(Thurn) 백작이었다.

131 훼네스트라(fenestra)는 '창문'을 뜻하는 라틴어이고, 'Defenestration'은 '창문 밖으로'라는 의미를 가진다.

여기서 헌법 제정 및 군대 소유도 선언했다.[132] 아울러 이들은 프라하에서 예수회원들을 추방했을 뿐만 아니라 왕을 지지했던 인물들의 재산도 강제로 몰수했다. 또한 이 집행위원회는 페르디난트 2세(Ferdinand II: 1617-1637)[133]가 승계한 체코 국왕 지위를 더 이상 인정하지 않겠다는 입장도 밝혔는데 그것은 오스트리아 왕이 체코 귀족들의 권한을 침해하지 않는다라는 1526년의 합의각서에서 비롯된 것 같다.[134] 1526년에 체결된 합의각서의 내용을 언급하면 다음과 같다.

① 체코 왕국과 오스트리아 왕국은 군합국(Pesonalunion)이다.
② 페르디난트 1세(Ferdinan I: 1526-1564) 및 그의 후계자들은 체코 왕국의 재가톨릭화를 추진하지 않는다.
③ 오스트리아 왕이 체코 국왕으로 등극하기 위해서는 체코 귀족들의 동의를 얻어야 한다.
④ 오스트리아 왕들은 생존 시 자신들의 후계자를 선출하여 체코 왕국에서 대관식을 거행하지 않는다.
⑤ 오스트리아 왕은 체코 귀족들의 고유권한을 침해하지 않는다.

---

132 이러한 행동은 1619년 7월 31일에 발표된 동맹의식(Konföderationsakte)에서 비롯되었다.

133 완고한 구교주의자였던 페르디난트 2세는 루돌프 2세(Rudolf II: 1576-1612)가 인정한 신앙의 자유를 더 이상 허용하지 않으려고 했다.

134 마티아스는 1619년 3월 20일에 서거했다. 이에 따라 그의 조카였던 페르디난트 2세가 신성로마제국의 황제로 등극했다.

⑥ 만일 오스트리아 왕이 이러한 합의사안들을 무시하거나 이행하지 않을 경우 체코 귀족들은 왕과의 계약을 일방적으로 파기하고 독자적인 노선을 취할 수 있다.

상황이 이렇게 전개됨에 따라 페르디난트는 군대를 파견하여 체코 귀족들의 반발을 저지하려고 했다. 그러나 이러한 군사적 행동은 체코 귀족들의 결속만 강화시켰을 뿐이다.

이 당시 신성로마제국은 유니온(Union: 연합)의 신교 세력과 리가(Liga: 동맹)의 구교 세력으로 분파된 상태였다. 팔츠(Pfalz)의 선제후였던 프리드리히 5세(Friedrich V: 1610-1620)[135]는 1609년 바이에른(Bayern)이 도나우뵈르트(Donauwörth)를 자국에 포함시킴에 따라 신교 세력의 결집이 필요하다는 인식을 하게 되었다.[136] 따라서 그는 다음 해인 1608년 5월 8일 칼뱅파와 루터파의 동맹체제를 결성했는데 그것이 바로 유니온이었다.[137]

---

135 프리드리히 5세는 영국 왕 제임스 1세(James I: 1603-1625)의 딸인 엘리자베스 스튜어트(Elisabeth Stuart)와 결혼했다. 15세에 불과했던 프리드리히 5세는 야심이 큰 부인과 탐욕스러운 측근들의 부추김으로 성급하게 보헤미아 국왕직을 받아들이기로 했다. 이에 따라 그는 1619년 8월 26일 보헤미아 국왕으로 선출되었다.

136 제국도시(신성로마제국 황제에 직속된 도시)인 도나우뵈르트에서 가톨릭교도들의 신앙 활동이 금지됨에 따라 신성로마제국의 황제는 도나우뵈르트를 제국에서 축출하고 바이에른의 막시밀리안으로 하여금 강제적으로 가톨릭교도들의 신앙 활동을 보장하게 했다.

137 이렇게 결성된 유니온에는 독일 남부 및 서부의 신교 제후들이 참여했다. 그러나 출범 초기부터 행동범위가 제한되었는데 그것은 루터파와 칼뱅파의 지속적인 대립과 작센 선제후국과 북부 독일의 신교 제후들이 유니온에 참여하지 않았기 때문이다.

신교 세력이 이렇게 결집됨에 따라 바이에른의 막시밀리안 1세(Maximilian I: 1486-1519)와 페르디난트 2세가 구교 세력의 핵심인물로 부각되었다.

왕권신수설을 신봉한 오스트리아의 페르디난트 2세는 1619년 8월 28일 신성로마제국의 황제로 등극했다. 이 당시 그는 합스부르크 왕조에서 종교적인 단일화를 모색하려고 했다. 따라서 그는 팔츠의 프리드리히 5세를 제거하기 위해 바이에른의 막시밀리안 1세와 제휴를 모색하게 되었다.[138] 막시밀리안 1세는 페르디난트 2세의 이러한 제의에 대해 긍정적인 반응을 보였는데 그것은 첫째, 오스트리아가 전쟁비용 및 영토적 손실에 대한 보상을 보장했기 때문이다. 둘째, 전쟁에서 승리할 경우 팔츠 선제후국의 비텔스바흐(Wittelsbach)를 할애 받을 수 있다는 판단도 했기 때문이다. 이에 따라 1619년 10월 8일 뮌헨에서 막시밀리안 1세와 페르디난트 2세 사이에 동맹체제가 결성되었다.

1620년 11월 8일의 백산(Am weissen Berg; Bílá hora)전투에서 안할트-베른부르크(Christian v. Anhalt-Bernburg: 1568-1630) 주도 하의 보헤미아 귀족군이 대패했다.[139] 이에 따라 팔츠의 프리드리히 5세는 보헤미아 지방을 떠나야만 했고 자신의 선제후직 역시 박탈당했다. 아울러 그에 대한 제국법률보호권 역시 정

---

138 페르디난트 2세의 처남이었던 막시밀리안 1세는 1609년 리가를 결성했다.
139 프라하 근교의 나즈막한 언덕에서 펼쳐진 이 전투에는 2만의 보헤미아 귀족군과 2만 8천의 리가군이 참여했다. 그러나 이 전투는 2시간도 안 되어 리가군의 승리로 끝났다.

지되었다.[140] 1621년 2월 페르디난트 2세는 모반에 참여한 인물들을 체포하라는 명령을 내렸고 그것에 따라 27명의 귀족이 체포되어 같은 해 6월 21일 처형되었다. 그리고 모반에 단순히 가담한 인물들 역시 보헤미아 지방에서 강제로 축출되었다. 또한 페르디난트 2세는 보헤미아 귀족들의 재산을 몰수하여 그것을 외지 귀족들에게 분배했다. 뿐만 아니라 그는 보헤미아 지방에서 신교 성직자들을 강제로 추방시켜 이 지방을 사실상 구교화시켰다. 이러한 과정에서 15만 명에 달하는 신교도들 역시 보헤미아 지방을 떠나야만 했다.[141] 1622년 5월 6일부터 8월 6일 사이에 펼쳐진 빔펜(Wimpfen), 획스트 (Höchst), 슈타트론(Stadtlohn) 전투에서 보헤미아 귀족군은 상황을 역전시키기 위해 리가군과 전투를 펼쳤으나 다시금 패배를 당했다.

1627년 5월 10일 새로운 지방법(Verneuerte Landesordnung)이 제정되었는데 거기서는 첫째, 보헤미아 지방의회는 체코 국왕선출권을 포기한다. 그리고 합스부르크왕조는 체코 왕위계승권을 가진다. 둘째, 향후 보헤미아 지방의회는 조세동의권만을 가진다. 그리고 여타의 권한, 즉 재판, 행정, 그리고 법률제정권은 페르디난트 2세에게 이양한다. 셋째, 보헤미아 및 그 세습지역은 합스부르크 가문에 편입한다. 넷째, 보헤미아

---

140 이에 따라 프리드리히 5세는 '겨울 왕(Winterkönig)'이라고 지칭되었다. 이 인물은 백산전투에서 패한 직후 네덜란드로 갔다.
141 이후부터 신교도들은 지하로 숨어들어 농민계층을 비밀리에 개종시키는 데 주력했다.

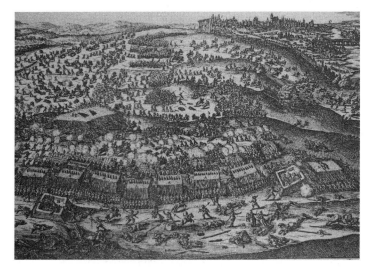

빌라 호라 전투

궁내성(die böhmische Hofkanzlei)은 빈으로 이전한다 등이 거론되었다.[142]

이후 유니온은 해산되었다. 그러나 유니온의 잔재 세력, 즉 만스펠드(Graf E. v. Mansfeld: 1580-1626) 백작, 할버슈타트(C. v. Halerstadt: 1599-1626) 주교, 바덴-두르라흐(G. F. v. Baden-Durlach: 1573-1638) 변경백이 지휘한 잔여 세력은 상팔츠(Oberpfalz)와 팔츠 선제후국(Kurpfalz)에서 전투를 펼쳤지만 이들은 틸리(J. T. Graf v. Tilly: 1559-1632)의 리가군과 에스파냐의 스피노라(Spinora:

---

142 1640년에 이르러 보헤미아 지방의회는 중요하지 않은 법안발의권을 부여받았다.

1569-1630)군에 의해 패배를 당했다.[143] 이에 따라 바이에른의 막시밀리안 1세는 팔츠의 선제후직을 승계했을 뿐만 아니라 상팔츠(Oberpfalz)도 차지하게 되었다.

신교국 들의 개입과 발트슈테이나의 등장

이제 오스트리아 및 신성로마제국의 신교 세력은 붕괴 직전에 놓이게 되었고 그것은 유럽의 신교 국가들로 하여금 오스트리아 문제에 개입하게 하는 결정적 요인이 되었다. 1625년 12월 영국, 네덜란드, 덴마크의 대표들과 프리드리히 5세가 보낸 팔츠의 대표가 헤이그(Den Haag)에 모여 동맹을 결성했다. 동맹이 결성된 지 얼마 안 되어 동해(Ostsee)에서 주도권을 장악하려던 덴마크 왕 크리스티안 4세(Christian IV: 1588-1648)가 군사적 개입을 선언했고 그것에 따라 그는 3만 명의 병력을 이끌고 독일로 진격했다.[144] 이후 그의 군대에 영국의 제임스 1세가 파병한 영국군과 신성로마제국 내 신교 제후들의 병력이 합류했다. 그러나 그는 1626년 8월 27일 루테르(Lutter)에서 펼쳐진 전투에서 틸리의 리가군에게 대패를 당했다.[145] 이후 틸리의 리가군은 홀슈타인, 메클렌부르크(Mecklenberg), 그리

---

143 틸리는 예수회 수도사들로부터 기도하는 방법을, 에스파냐 사람들로부터는 군대를 효율적으로 지휘하는 방법을 배웠다.

144 크리스티안 4세는 덴마크 및 노르웨이 국왕일 뿐만 아니라 홀슈타인 공이기도 했다.

145 루테르는 힐데스하임(Hildesheim) 남쪽에 있는 소읍이었다.

고 포메른(Pommern) 지방을 점령함으로써 발트해 연안 전체를 수중에 넣게 되었다. 상황이 이렇게 전개됨에 따라 덴마크는 1629년 5월 22일 뤼베크(Lübeck)에서 체결된 평화조약에 따라 자신들이 신성로마제국 내에서 가지고 있던 영토를 계속 유지한다는 조건으로 독일권에서의 충돌에 더 이상 관여하지 않겠다는 약속을 했다. 이 당시 페르디난트 2세는 스웨덴이 전쟁에 개입할 수도 있다는 우려를 했기 때문에 덴마크에 대해 비교적 관대한 자세를 보였던 것이다. 그러나 계속되는 승리로 자신만만해진 그는 상당히 위험스러운 계획도 세웠다. 즉 그는 1628년 8월 4일 발트슈테이나(Albrecht Václav Eusebius z Valdštejna: Albrecht Wenzel Eusebius v. Wallenstein: 1583-1634)를 '발트해와 대양의 장군(General des Baltischen und Ozeanischen Meeres)'으로 임명하고 그로 하여금 북해와 발트 해를 연결하는 운하도 건설토록 했다.

30년전쟁이 발발한 직후부터 페르디난트 2세를 적극적으로 지원한 발트슈테이나는 1583년 9월 24일 보헤미아의 헤르마니체(Heřmanice)에서 태어났는데 10살 때 어머니 마르케타(Markéta), 12살 때 아버지 비렘(Vilém)을 잃은 후 숙부인 코슘베르크(Košumberk) 밑에서 성장했다.[146] 1597년 코슘베르크는

---

146 체코 민족의 불행이 발트슈테이나의 친합스부르크적 행보와 거기서 비롯된 개인적 야망으로 가중되었다는 체코 역사학계의 보편적 시각, 즉 발트슈테이나가 체코 민족을 불행의 늪으로 빠뜨린 장본인이라는 시각은 아직까지 유효한 것 같다. 그러나 2000년대 후반부터 프란체크(J. Francek)와 야나체크(J. Janáček)를 비롯한 일부 역사학자들이 그러한 관점에 대해 강한 반론을 제기하기 시작했다.

발트슈테이나(Albrecht Václav Eusebius z Valdštejna)

발트슈테이나를 슐레지엔(Schlesien)의 골드베르크(Goldberg)에
있는 신교문법학교(Protestantische Lateinische Schule)에 보냈고 1599
년에는 뉴른베르크(Nürnberg) 근처의 알트도르프(Altdorf) 신학
대학에 입학시키는 등 학문적 혜택을 주는 데 적극적이었

즉 이들은 페르디난트 2세가 발트슈테이나를 제거한 후 본격화시킨 대 체코 강
압정책이 오히려 체코 민족의 결속을 유발시키는 계기가 되었다는 주장을 펼쳤
는데 이것은 발트슈테이나의 친합스부르크적 입장보다 거기서 파생된 반사적
상황에 더욱 비중을 둔 데서 비롯된 것이라 하겠다. 그리고 이들의 이러한 시도
에 대한 사회적 관심 역시 증대되고 있는데 이러한 것은 발트슈테이나에 대한
재평가 작업, 즉 객관적 평가가 향후 체코에서 본격화되리라 예측하게 한다.

다.[147] 그러나 발트슈테이나는 알트도르프 신학대학에서 퇴학 당했는데 그것은 그가 살인사건에 직접적으로 연류되었기 때문이다. 이후 발트슈테이나는 독일, 프랑스, 그리고 이탈리아를 여행했고 이 시기에 그는 볼로냐(Bologna) 및 파도바(Padua) 대학에서 필요한 학문을 배우기도 했다.[148] 특히 발트슈테이나는 파도바 대학에서 당시 천문학자 겸 점성술사로 명성을 날리고 있던 갈릴레이(Galilei)를 알게 되었고 그의 사상은 향후 발트슈테이나의 행보에도 지대한 영향을 미쳤다. 이후 발트슈테이나는 인스부르크(Innsbruck)에서 변경백작이었던 브루가우(Karl v. Burgau)의 궁전에서 시동으로 근무했는데 이것으로 그의 정치적-군사적 활동은 시작되었다. 1606년 발트슈테이나는 올로모우츠 예수회에서 구교, 즉 가톨릭으로 개종했다. 그런데 이러한 개종은 내적인 신앙심보다는 정치적 계산에서 비롯된 것으로 보아야 하는데 그것은 발트슈테이나가 애초부터 종교에 대해 무관심한 자세를 보였기 때문이다. 이로부터 3년 후인 1609년 발트슈테이나는 예수회 고해신부의 주선으로 모라비아 동부, 즉 브세틴(Vsetín), 루코프(Lukov), 리미체(Rymice), 그리고 브세투리(Všetuly)에 거대한 영지를 소유한 미망인 네크소바(L. Nekšová)와 결혼한 후 풍족한 생활을 했으며,

---

147 골드베르크는 오늘날 즈워토리야(Złotoryja)이다.

148 이제 발트슈테이나는 독일어, 체코어, 라틴어, 그리고 이탈리아어를 완벽하게 구사할 수 있게 되었다. 게다가 그는 에스파냐어를 이해했을 뿐만 아니라 프랑스어도 어느 정도 구사할 수 있었다.

1614년 그녀가 죽고 난 후 재산 모두를 상속받았다.[149] 이후
부터 발트슈테이나는 이 지역에 대한 재가톨릭화를 강력히
추진했고 재산증식에 대해서도 관심을 보였다. 그리고 그가
펼친 재가톨릭화는 당시 오스트리아 왕국 내 가톨릭 성직자
들과 합스부르크 가문의 지대한 관심을 유발시켰다. 이렇게
가톨릭에 대해 선호적 자세를 보였던 발트슈테이나는 자신의
토지를 최대한 개발하고, 도시에 공장을 세우고, 영농을 감
독·통제하고, 잉여농산물 창고를 짓고, 생산물을 시장에 공
급하는 등의 경제활동도 적극적으로 펼쳤는데 이것은 공적
활동에 참여하겠다는 그의 강한 의지에서 비롯된 것이라 하
겠다. 1617년 발트슈테이나는 슈타이어마르크 페르디난트
(Ferdinand) 대공이 베네치아(Venezia)와 전투를 펼칠 때 그를 위
해 200필의 말을 무상으로 제공했는데 이것은 그가 1619년
페르디난트 2세로 등극하게 될 페르디난트 대공으로부터 관
심 및 신뢰를 받는 결정적 요인으로 작용했다.

　1623년 6월 9일 발트슈테이나는 페르디난트 2세의 고문
관이었던 하라흐(Harrach)의 딸과 결혼했다. 1625년 발트슈테
이나는 황제를 위해 자신의 용병을 투입하겠다는 선언을 했
고 그것은 리가군을 강화시키는 계기가 되었다.

　페르디난트 2세는 1629년 3월 6일 회복칙령(Restitutionse-

---

149 발트슈테이나는 1623년 6월 9일 페르디난트 2세의 고문관이었던 하라흐(K.
　　Harrach: 1570-1628)의 딸과 세 번째 결혼을 했고 여기서도 그는 막대한 부를
　　축적할 수 있었다.

dikt)을 발표했는데 그것의 핵심내용은 파사우(Passau) 종교회의 (1552) 이후 신교도들이 획득한 종교재산을 국가가 강제로 몰수한다는 것이었다. 그것은 두 세대 이상 신교측이 소유했던 재산, 특히 독일의 가장 부유한 지방의 일부가 다시 신교 측으로부터 넘겨받는다는 것을 의미하는 것이었다. 또한 칙령에서는 구교파 제후들이 각자의 영내에서 신교도들을 추방할 수 있다는 것도 거론되었다. 이제 구교는 회복칙령의 발표로 신성로마제국에서 절대적 우위를 차지하게 되었다.

회복칙령으로 신성로마제국 내에서 2개의 대주교구(Erz-bistum), 12개의 주교구(Bistum), 500여 개의 수도원과 교회가 가톨릭 세력에게 이양되어야만 했다. 이후 이러한 칙령 이행을 거부하는 도시들과 제후들이 등장했는데 이들은 리가군으로 부터 무력적인 제재를 받았다. 그 일례로 마그데부르크 시정부가 이 도시를 관할하게 될 마그데부르크 가톨릭 대주교에 복속되는 것을 거부함에 따라 틸리는 1631년 5월 20일 리가군을 이끌고 마그데부르크 공략에 나섰다. 얼마 안 되어 이도시의 주거지들은 거의 파괴되었고 4만 명의 주민들 중에서 단지 1만 명만이 목숨을 유지할 수 있었다. 그런데 이 부분을 연구하는 역사가들은 마그데부르크의 철저한 파괴에 대해 의견을 달리하고 있다. 일부 학자들은 틸리의 명령에 따라 마그데부르크가 철저히 파괴되었다는 주장을 펼치고 있지만, 상당수의 학자들은 소수의 병력으로 다수의 병력을 쉽게 저지할 수 있는 마그데부르크 요새(Festung)를 리가군에게 넘겨서는 안 된다는 생각을 가진 스웨덴의 연대장(Oberst) 팔켄부르크(Falkenburg)의 전략에서 비롯되었다는 견해를 제시하고 있다. 실제로 스웨덴군은 이미 1630년 6월부터 신성로마제국 내 신교 세력을 지원하기 위한 군사적 행동을 펼치고 있었다. 군사전략적인 측면에서 볼 때 후자가 논리적 타당성을 가진다 하겠다.

신교 세력과의 대립에서 결정적 역할을 담당했던 발트슈테이나는 1630년 8월 13일 막시밀리안 1세의 주도로 결성된 제후 동맹에 의해 실각되었는데 그것은 황제권의 강화로 제국 내 제후들의 입지가 어렵게 될 수 있다는 제후들의 판단에서 비롯된 것 같다.[150] 아울러 막시밀리안 1세는 지금까지 황제가 행사하던 전쟁 지휘권과 외교권을 제후들에게 위임시킬 것도 요구했다.[151]

이렇게 구교 세력 사이의 대립이 가시화됨에 따라 스웨덴의 구스타브 2세(Gustav II: 1611-1632)가 1630년 7월 6일 13,000명의 병력을 이끌고 오더(Oder) 강 하구의 우제돔(Usedom) 섬에 상륙한 후 포메른으로 진격했다.[152] 이어 내륙으로 진출한 그

---

150 1625년 발트슈테이나는 황제를 위해 자신의 용병을 투입하겠다는 선언을 했고 그것은 리가군을 강화시키는 계기가 되었다. 이후 그는 프라하 인근의 프리드란트(Friedland)를 하사받고 이 지역의 공작으로 임명되었다. 당시 유명한 천문학자였던 케플러는 발트슈테이나를 다음과 같이 묘사했다.
"그는 무자비한 인간이다. 그는 오로지 자신만을 생각하고, 자신의 욕망만을 충족시키려 한다. (…) 또한 그는 거의 말이 없고, 툭하면 난폭한 성미만을 드러내는 인간에 불과하다."

151 이러한 것은 1630년 레겐스부르크(Regensburg) 선제후회의에서 결정된 사안이었다.

152 프랑스의 리슐리외는 신성로마제국 내에서 신교 세력의 붕괴가 가시화됨에 따

는 1631년 9월 17일 브라이텐펠드(Breitenfeld)와 1632년 4월 라인 암 레흐(Rain am Lech) 전투에서 틸리의 리가군을 격파했다.[153] 특히 라인 암 레흐 전투에서 중상을 입었던 틸리가 얼마 후 사망함에 따라 페르디난트 2세는 발트슈테이나의 재기용이 반드시 필요하다는 판단을 하게 되었다. 따라서 그는 발트슈테이나와 협상을 펼쳤는데 여기서 발트슈테이나는 황제가 수용할 수 없는 것들을 요구했다. 발트슈테이나의 무리한 요구로 협상은 난항을 겪게 되었고 그것은 구스타브 2세로 하여금 뷔르츠부르크, 프랑크푸르트, 마인츠마저 함락시키게 했다. 곧 이어 그는 1632년 5월 17일 뮌헨까지 진격했고 그러한 상황은 절대적 권한(in absolutissima forma)을 부여받은 발트슈테이나의 재등장을 가능하게 했다.[154] 이제 발트슈테이나는

라 구스타브 2세에게 이 제국에 대한 군사적 개입을 요청했다. 구스타브 2세는 1631년 1월 23일에 체결된 베르발데(Bärwalde) 협약에 따라 프랑스로부터 재정적인 지원을 받았는데 그 액수는 40만 탈러(15세기에서 19세기까지 유럽에서 통용된 은화)에 이르렀다.

153 이 당시 구스타브 2세는 강제 징집제도를 도입하여 유럽 역사상 최초의 국민군을 창설했다. 따라서 스웨덴군은 국가로부터 의식주 및 급여를 제공받았기 때문에 이들의 사기는 용병에 비할 바가 아니었다. 게다가 구스타브는 타고난 무장이었다. 그는 혁신적인 군대 편제 이외에도 신무기인 화약에 대해서도 관심을 가지고 있었다. 따라서 그는 당시 다른 유럽 군대와는 달리 야포부대를 주력부대 중의 하나로 편성했고, 창병보다는 머스킷(musket: 원시적인 화승총인 아퀴버스의 개량형으로, 보다 긴 총신을 가진 전장식화기이며 후대의 라이플과 달리 강선이 없는 활강식이다)병을 주무기로 활용하는 신개념의 전술도 구사했다. 창병은 다른 나라의 군대에서는 주력군이었으나 스웨덴 군대에서는 머스킷 병사들이 화약을 장전하는 동안 엄호를 담당했다.

154 이 인물이 죽은 후 보헤미아 지방에서는 대대적인 재산몰수가 진행되었고, 이렇게 몰수된 재산들은 모두 오스트리아 왕국에 봉사한 외지 귀족들에게 분배되었다.

구스타브 2세

리가군을 총괄할 수 있는 권한을 부여받았을 뿐만 아니라 자
신이 정복한 지역에서 황제의 허락 없이 단죄하거나 또는 사
면할 수 있는 권한도 가지게 되었다. 아울러 그는 외국과의
협상에서 독자적으로 서명할 수 있는 권리도 부여받았다.[155]

---

155 이렇게 페르디난트 2세로부터 황제군에 대한 절대적 지휘권을 부여받은 발트슈
테이나는 제국 내 모든 몰수지들을 우선적으로 차지할 수 있는 특권도 인정받았
다. 또한 발트슈테이나는 모든 군사작전에서 독자적인 명령권도 행사할 수 있게
되었다. 아울러 그는 황제의 허락 없이 죄를 주거나 사면할 수 있는 권한도 부여
받았다. 나아가 발트슈테이나는 당시 스웨덴과 마찬가지로 페르디난트 2세를
위협하던 작센과의 평화협상에서 전권 역시 위임받았다. 그리고 발트슈테이나
는 스웨덴에게 일시적으로 빼앗긴 메클렌부르크 대공국을 회복하기 위해 슐레
지엔 대공국의 글로가우(Glogau)를 담보로 활용할 수 있다는 약속도 페르디난트
2세로부터 받아냈다. 이렇게 막강한 권한을 가진 발트슈테이나의 등장은 페르
디난트 2세의 위상에 커다란 타격을 가져다주었고 그것은 페르디난트 2세로 하

1632년 11월 16일 라이프치히(Leipzig) 근처의 뤼첸(Lützen)에서 19,000명의 구스타브군과 16,000명의 발트슈테이나군이 전투를 펼쳤다. 전투가 개시됨에 따라 구스타브 2세는 말을 타고 몸소 적진으로 돌진해 발트슈테이나의 병사들을 닥치는 대로 쓰러뜨렸다. 승리가 바로 눈앞에 있다는 듯 구스타브 2세는 호위병 3명만을 이끌고 적진 깊숙이 침투했다. 그때 갑자기 총알 하나가 날아와 그의 몸에 박혔다. 발트슈테이나군은 구스타브 2세의 소지품을 모두 가져갔고 온몸이 탄환 자국으로 벌집이 된 그의 시신은 발가벗겨진 채 들판에 내동댕이쳐졌다. 그러나 구스타브 2세의 죽음은 오히려 스웨덴 병사들을 결집시켰다. 통솔자의 죽음은 병사들을 혼비백산하게 만든 것이 아니라 오히려 그들의 전의를 부추겨 전면전을 펼치게 했던 것이다. 실제로 스웨덴 병사들은 그들 국왕의 시신을 찾아오기 위해 죽음을 각오하고 싸웠다. 이렇게 저항하는 적군 앞에서 발트슈테이나는 군사들을 이끌고 후퇴할 수 밖에 없었다.[156]

구스타브 2세가 목숨을 잃은 후 그의 딸인 크리스티나(Christina)가 왕위를 계승했다. 그러나 이 당시 그녀의 나이는

여금 적절한 시기에 발트슈테이나를 제거해야 한다는 확신도 가지게 했다. 실제로 페르디난트 2세는 발트슈테이나와의 독대과정에서 그의 지나친 욕심과 정치적 야망을 인지했고 그것은 그로 하여금 자신의 최대 정적인 구스타브 2세를 물리친 후 발트슈테이나를 제거하겠다는 구체적인 구상도 가지게 했다.

156 이 당시 구스타브 2세는 신성로마제국 내에서 새로운 국가건설을 구상했다. 실제로 그가 새로운 국가를 건설했다면 독일의 경제 및 경제발전은 100년 이상 앞당겨 졌을 것이다.

10세에 불과했다.[157] 이후부터 구스타브 2세를 대신하여 재상 옥센셰르나(A. Oxenstierna: 1583-1654) 백작이 스웨덴군을 지휘했지만 결정적인 성과를 거두지는 못했다.

프랑스의 개입

1633년 4월 23일 스웨덴의 옥센셰르나는 하일브론(Heilbronn)에서 독일 제후들과 신교 동맹을 체결했는데 이 자리에는 프랑스 국왕의 사절단도 참여했다. 이 당시 옥센셰르나는 이 동맹을 토대로 스웨덴 정책에 적극적으로 동조하는 독일 위성 제후군을 만들려고 했다. 그러나 참여 제후들은 스웨덴의 종속 제후가 될 마음이 전혀 없었기 때문에 옥센셰르나 의도에 동의하지 않았다. 이렇게 독일 제후들이 거부적 입장을 취할 수 있었던 이유로는 첫째, 구스타브 2세가 세상을 떠났다는 것, 둘째, 열정적인 십자군이 재물을 탐하는 병사들로 구성되었다는 것, 셋째, 독일 제후들이 독자적으로 행동할 수 있는 분위기가 조성되었다는 것을 들 수 있다. 그리고 이러한 동상이몽적인 동맹체제는 다음 해인 1634년 9월 6일 발트슈테이

---

157 스웨덴에서는 1590년부터 여자 상속인의 왕위계승이 가능해졌다. 이에 따라 크리스티나는 1632년 스웨덴 국왕으로 등극했다. 그러나 이 인물은 1654년 자신의 조카인 팔츠-츠바이뷔르켄(Pfalz-Zweibrücken)의 카를 구스타브(K. Gustav (Karl X Gustav: 1654-1660))에게 왕위를 이양했다. 이후 크리스티나는 가톨릭으로 개종(Konvertiert zum Katholizismus)한 후 로마에서 머무르다가 1689년에 생을 마감했다.

나의 구교군과의 전투에서 패함에 따라 해체되었다.[158]

이 당시 발트슈테이나는 전쟁을 가능한 한 빨리 종결시키고 신성로마제국 내에서 스웨덴의 영향력을 완전히 제거해야 한다는 생각을 가지고 있었지만 이 인물이 1634년 2월 25일 에게르(Eger)에서 아일랜드 출신의 장교 및 병사들에 의해 암살됨에 따라 전쟁은 지속되었다.[159] 1635년 프랑스는 독일 제

---

158 이에 따라 남부 독일에서의 스웨덴 위상은 붕괴되었다.

159 이 당시 발트슈테이나는 혐오적인 종교전쟁과 거기서 비롯된 프랑스와 오스트리아 사이의 무모한 대립으로 전쟁이 지속되고 있다는 판단을 하고 있었다. 이후부터 발트슈테이나는 페르디난트 2세의 동의를 받지 않고 작센 선제후국과 스웨덴의 핵심 정치가들과 비밀협상을 펼쳤고 거기서 그는 자신의 관점, 즉 유럽 대륙, 특히 신성로마제국 내에서 종교적 평화정착의 중요성을 부각시키기도 했다. 페르디난트 2세는 발트슈테이나의 이러한 독자적 행보에 대해 다시금 불만을 표시했지만 발트슈테이나는 그것에 대해 전혀 개의치 않았는데 이것은 그가 절대왕정체제하에서 군주만이 군사통제권을 가진다는 사실을 등한시한 것에서 비롯된 것 같다. 베버(M. Weber)가 거론했듯이 이 당시 절대군주는 폭력사용에 대한 유일한 당위권을 가지고 있었다. 따라서 발트슈테이나가 30년 종교전쟁 기간 중에 큰 성과를 거두었음에도 불구하고 그는 이론상 정통성을 갖춘 군주에게 저항할 수 없었다. 그러나 발트슈테이나는 자신의 위상견지에 필요한 방안을 모색했고 거기서 페르디난트 2세와의 정면대립이라는 무리수도 두었던 것이다. 1634년 1월 10일 발트슈테이나는 자신의 모반계획을 구체화시키기 위해 플젠(Plzeň)에서 자신의 추종 세력과 비밀회합을 가지는 등 실제적 행동에 나섰다. 1634년 1월 24일 페르디난트 2세는 갈라스(M. Gallas)를 황제군 총사령관으로 임명했고 모반세력 와해를 위해 플젠비밀회합에 참여한 인물들의 대다수를 사면하는 칙령을 발표했지만 발트슈테이나와 그의 측근들에 대해서는 강력히 대응했다. 즉 그는 이들에 대한 체포명령과 발트슈테이나에 대한 사살도 허용했던 것이다. 이러한 상황에서 프라하가 페르디난트 2세를 지지한다는 성명을 발표함에 따라 발트슈테이나는 마지막 방법을 모색했는데 그것은 스웨덴과 작센의 지원을 받아 페르디난트 2세에게 정면으로 대응하는 것이었다. 이에 따라 그는 자신의 추종 세력과 더불어 2월 22일 플젠을 떠나 에게르로 향했다. 그러나 2월 25일

후들과 스웨덴을 지원한다는 명목으로 이 전쟁에 공식적으로 개입했고 그것으로 인해 전쟁은 계속되었다. 이에 앞서 프랑스의 리슐리외는 프랑스, 네덜란드, 북독일제후동맹, 덴마크, 그리고 스웨덴이 참여한 동맹체제를 구축한 바 있었다.

프랑스가 신교군에 참여했음에도 불구하고 1640년까지 구교군이 우세를 보였다. 그러나 그 이후부터 프랑스와 스웨덴이 주도한 신교군이 유리한 입장에서 전쟁을 주도했다. 이에 앞서 1635년 5월 30일 페르디난트 2세와 작센의 선제후 요한 게오르그 1세(J. Georg I) 사이에 체결된 프라하 평화조약에서는 기존의 구교 및 신교 간의 세력분포를 유지시킨다는 것이 언급되었다. 즉 1627년의 상황을 향후 40년간 유지시킨다는 것이 명문화되었던 것이다. 아울러 1629년에 발표한 회복칙령의 실시도 유보되었다.

또한 오스만 튀르크와 프랑스의 침입을 막기 위해 결성된 동맹체제는 신성로마제국에 대해 적대적 행위를 펼쳐서는 안 된다는 것도 명시되었다. 이와 병행하여 영토적 보상이 실시되었다. 이에 따라 팔츠 지방은 바이에른으로 이양되었고, 라우지츠(Lausitz)와 마그데부르크는 쿠어작센의 소유가 되었

이 도시에서 발트슈테이나와 그의 측근이었던 트로츠카(A. Trczka)와 킨스키(V. Kinsky)는 아일랜드 출신인 버틀러(W. Butler) 장군과 스코틀랜드 출신 연대장인 레슬리(W. Leslie)와 고든(J. Gordon)이 이끄는 병사들에 의해 암살되었다. 특히 영국인 대위 데버루(W. Devereux)는 잠결에 일어나 살려달라고 애원하는 발트슈테이나를 마늘 창으로 살해했다. 이후 덩치가 큰 아일랜드 병사가 그의 시신을 들어 창밖으로 던지려 했으나 데버루는 그것을 제지했다.

다.[160] 또한 팔츠의 선제후직은 바이에른으로 넘어갔고 신성로마제국의 황제는 스웨덴과의 전쟁에서 제국군에 대한 최고 명령권을 가지게 되었다. 이러한 평화조약에 대해 뷔르템베르크(Württemberg)와 헤센-카셀(Hessen-Kassel)을 비롯한 일부 국가들은 반대했다. 이 당시 뷔르템베르크는 회복칙령에서 비롯된 혼란에서 벗어나지 못한 상태였고, 칼뱅파의 헤센-카셀은 평화시기보다 전쟁 중에 더 많은 이득을 얻었기 때문에 평화조약을 거부했던 것이다.

베스트팔렌 조약

신성로마제국 페르디난트 3세(Ferdinand III: 1637-1657)의 주도로 1641년 성탄절부터 프라하 평화조약을 대체할 평화회담이 함부르크(Hamburg)에서 시작되었다. 이것은 그가 즉위 초부터 가능한 한 빨리 장기간 지속된 전쟁을 종결시켜야 한다는 생각을 가지고 있었기 때문이다. 페르디난트 3세의 주도로 진행된 평화회담은 베스트팔렌(Westfalen)의 두 도시, 뮌스터(Münster)와 오스나브뤼크(Osnabrück)에서 프랑스와 스웨덴을 상대로 시작되었다. 그러다가 1645년 10월 신성로마제국의 황제를 비롯한 66개의 영방대표, 프랑스, 스웨덴, 에스파냐, 네덜란드와 전쟁에 직접 참여하지 않았던 국가들의 대표들이 참석한 협상으로 확대되었지만 각 국의 이해관계가 워낙 다양해 평화

---

160 프라하 평화조약에서는 독일에 주둔하고 있던 외국군의 철수도 거론되었다.

오스나브뤼크(Osnabrück)의 평화회담

회담은 난항의 연속이었고, 시간이 지나면서 음주 및 무도회에 주력하기도 했다.

　이 당시 트라우트만스도르프(J. M. v. Trautmansdorf: 1584-1650) 백작이 페르디난트 3세를 대신하여 평화회담을 주도했는데 이 시기에도 크고 작은 전투는 계속되었다. 물론 전투상황에 따라 평화회담의 양상이 바뀌긴 했지만, 무질서하고 흥청망청한 분위기는 사라지지 않았다. 1645년 3월 6일 30년전쟁의 진원지였던 프라하가 스웨덴에게 점령되었고 프랑스군은 신성로마 황제군과 에스파냐군과의 전투에서 승리했다. 이러한 전세의 변화는 6년간 끌어오던 평화회담을 1648년 10월 24일 오스나브뤼크에서 끝나게 했는데 이것이 바로 베스트팔렌 조약이다.

194개국의 대표들이 서명한 이 조약에서는 신교도, 특히 칼뱅 파에 대한 종교적 자유가 허용되었다. 아울러 1624년의 신교 및 구교의 재산이 인정되었을 뿐만 아니라 신성로마제국의 황제재판소에서 루터파와 칼뱅파는 동수의 재판관 주재 아래 재판도 관장하게 되었다. 또한 제국의회에서 종교적 안건(*Itio in partes*)을 원활히 토론하기 위해 구교와 신교 기구(*Corpus Evangelicorum/Corpus Catholicorum*)를 별도로 운영한다는 것이 거론되었다. 그리고 종교적 안건이 법적인 효력을 가지기 위해서는 양 기구의 합의가 반드시 필요하다는 것이 명시되기도 했다. 아울러 전쟁 참여국들은 영토적 보상에 대해서도 합의했다. 이에 따라 프랑스는 메츠 주교구(Bistum Metz), 투울 주교구(Bistum Toul), 베르됭 주교구(Bistum Verdun), 준드가우(Sundgau), 브레사흐(Bresach), 라인 우안의 필립스부르크(Philipsburg)에 대한 점유권을 행사할 수 있게 되었다. 스웨덴은 슈테틴(Stettin)과 오데르강 입구(Odermündung)를 포함한 포어포메른(Vorpommern), 류겐(Rügen), 브레멘 대주교구(Erzstift Bremen), 비스마르(Wismar), 베르덴 주교구(Stift Verden)를 차지했다. 브란덴부르크는 힌터포메른(Hinterpommern), 캄민(Kammin), 할버슈타트(Halberstadt), 민덴(Minden) 지방을 획득했다.[161] 이러한 영토보상으로 프랑스는 유럽에서 가장 강력한 국가로 부상했다. 베스트팔

---

161 이를 통해 스웨덴은 오데르(Oder), 엘베(Elbe), 그리고 베저(Weser) 강의 입구를 통제할 수 있게 되었다.

렌 조약에서는 스위스와 네덜란드의 독립도 공인되었다.[162] 아울러 프랑스와 스웨덴은 1663년 레겐스부르크(Regensburg)에서 개원하기로 한 제국의회에 참석하여 평화협상이나 제국헌법제정에 관여할 수 있는 특권도 부여받았다.[163]

전쟁의 결과와 후유증

베스트팔렌 체제는 제국의 귀족 및 성직자들로 하여금 제국에 의존하지 않고 자신들의 영역에 대한 통치권을 스스로 행사하게 했다.[164] 그 결과 신성로마제국 내의 국가들은 영방 내에서 최고위 권력인 영방고권(Landeshoheit)을 확보하여 동맹을 결성하거나(Ius foederum) 법률도 제정할 수 있게 되었다.[165]

이에 반해 황제는 제국의회와의 협력을 통해 영방 국가의 중요한 사항들을 결정해야 할 정도로 권한이 크게 위축되었다. 이에 따라 황제는 헌법 제정, 전쟁 및 평화 체제 수립, 조세 정책[166], 그리고 국방 문제 등을 독단적으로 결정할 수 없게 되었다(Ius pacis ac belli).[167]

---

162 베스트팔렌 조약으로 스위스는 신성로마제국으로부터 이탈하게 되었다.

163 이 당시 제국의회에서 안건이 통과되려면 참석인 모두의 동의를 얻어야만 했다.

164 이제 영방제후들은 자국의 신민들을 처형하거나 또는 자국군을 외국에 임대하거나 팔수도 있었다.

165 그러나 영방제후들은 바이에른의 제안에 따라 그들이 체결하는 동맹관계가 황제를 겨냥해서는 안 된다는 데 동의했다.

166 여기서는 특히 전쟁세 부과(Ausschreibung von Kriegssteuern)가 거론되었다.

167 국방문제로는 신병소집과 이들의 숙영, 새로운 방어시설 설치(Reichsbefestigung-

베스트팔렌 조약은 가톨릭과 루터교에게만 허용했던 종교적 자유를 칼뱅교까지 확대시켰다. 또한 여기서는 종파를 결정하는 문제뿐만 아니라 종교재단의 소유권으로 교회와 수도원, 교단의 재산권 문제까지 포함시킨다는 것도 합의되었다. 그리고 프로테스탄트 교회가 1555년부터 획득한 교회 재산 모두를 합법적인 것으로 인정되기도 했다. 아울러 농촌에 거주하는 농노나 예속인 들이 영주와 종교가 다를 경우 개인적 또는 공적으로 종교적 행사에 참가할 수 있는 권한도 부여했다. 따라서 영주들은 그들의 영주지에 살고 있는 농민들의 종교가 다르다는 이유로 영주지에서 추방되거나 또는 불이익을 받지 못하게 하는 조치를 취해야 했다. 그리고 제국의회에서 종교와 관련된 문제를 논의할 경우 가톨릭교회는 물론 신교까지 참석하도록 했다. 그러나 이들은 각기 다른 협의회 (*Corpus Evangelicorum, Corpus Catholicorum*)에서 문제를 논의한 후 합동투표(Majorsierung)를 통해 결론을 내렸다. 이렇게 두 종파가 합의한 안건에 대해서는 제국의회 역시 존중하기로 했다. 아울러 제국의 도시들은 제국의회와 동일한 권리를 가지게 되었다.

베스트팔렌 조약 이후 제정된 기본법은 종교정책, 국내정책, 그리고 외교정책에서 귀족들의 권한만을 부각시켰다. 이에 따라 1654년에 개최된 제국의회에서 제국법과 재판절차법에 대한 추가적인 조치가 취해졌지만 이전에 미해결된 사

---

sanlage) 등을 들 수 있다.

안들은 여전히 미완의 과제들로 남게 되었다.

외교적인 측면에서 독일의 주변국들은 독일권이 하나의 국가로 통일되는 것을 원하지 않았고, 다수의 군소 영방들로 분산시켜 이들 국가들과 외교 관계를 유지하려고 했다.[168] 특히 신성로마제국의 서북쪽 국경선과 접하고 있던 네덜란드, 프랑스, 그리고 영국은 독일 문제에 깊이 관여하여 독일이 성장하고 발전하는 것을 저지하려고 했다.

반면 북쪽에 있는 스웨덴은 유럽 대륙에서 고립되는 것을 두려워하여 유럽 본토와 연결 장치를 구축하려고 했다. 이러한 이유에서 스웨덴은 30년전쟁에 적극적으로 참여했고 그것의 덕분으로 독일의 북부 해안까지 스웨덴 세력권에 편입시킬 수 있었다. 당시 신성로마제국의 남동쪽에서는 이슬람 국가인 오스만 튀르크가 헝가리를 위협하고 있었다. 이렇게 주변의 강대국들이 독일 문제에 깊이 관여하고 있었기 때문에 영방 국가 간의 분열은 더욱 조장될 수밖에 없었고, 통일에 대한 희망은 매우 요원했다.

30년전쟁은 독일인들에게 막대한 인적·물적 손실을 가져다주었다. 당시 자료를 통해 신성로마제국의 인구가 30년

---

168 베스트팔렌 조약으로 독일에는 무려 300여 개의 연방과 1,500개의 기사령(Rittergut: 중세부터 근대에 이르기까지 독일에서 번성한 기사영지 또는 기사농장을 지칭)이 어지럽게 널려 있었다. 즉 1,800여 개에 이르는 독립 정권이 등장한 것이다. 이 독립 정권 중에서 영토가 고작 몇 제곱킬로미터밖에 안 되는 국가도 있었다. 베스트팔렌 지방은 넓이가 1,900제곱킬로미터에 불과했지만, 그 안에는 무려 52개의 연방국이 자리 잡고 있었다.

만에 30% 정도 감소되었다는 것이 확인되었다. 특히 바이에른, 포메른, 브란덴부르크(Brandenburg), 메클렌부르크(Mecklenburg), 작센, 튜링엔, 뷔르템베르크, 보헤미아 지방은 큰 타격을 받았다.[169] 당시의 군대는 대부분이 용병이었고, 외국군대는 물론이고, 모든 군대가 보급을 현지징발에 의존했고, 살육·방화·강간·약탈을 자행했다. 그 일례로 독일의 한 마을은 2년 동안 무려 18번이나 약탈을 당했다.[170] 전쟁으로 인한 식량부족 및 질병의 피해 역시 무시할 수 없었다. 따라서 신성로마제국의 인구는 천만 명 정도로 축소되었으며 이것은 독일의 근대적 발전과 경제에 큰 타격을 가져다주었다.[171]

아울러 정치적 분열은 독일인들의 경제적 부담을 가중시켰다. 독일 여기저기에 검문소가 설치되었고, 신민들의 세금은 늘어만 갔다. 독일인들은 작은 공국을 지날 때마다 세금을 냈다. 오늘날 베를린에서 스위스까지 차량으로 이동할 경우 서너 시간이면 충분하다. 하지만 당시에는 10개의 연방국을 거치면서 수속을 10번 밟아야 했고, 환전을 10번 이상 해야 했으며, 관세 역시 10번 물어야 했다. 이에 따라 관세가 상품의 원래가격을 넘어서는 경우가 허다했다. 그리고 도량형과 화폐 단위 역시 제각각이어서 화폐만 6,000종에 이르렀고 그

---

169 1622년 뷔르템베르크 지방의 인구는 44만 5천 명이었다. 그러나 1639년의 인구는 9만 7천 명에 불과할 정도로 인구의 감소폭이 심각했다.

170 30년전쟁으로 1,976개의 성, 1,629개의 도시, 18,310개의 마을이 파괴되었다.

171 에스파냐 군대가 뮌헨에 옮긴 흑사병 역시 독일 전역에 전파되어 수많은 사람들의 목숨을 앗아갔다.

러한 것은 물품교역을 어렵게 하는 요인으로 작용했다.

이렇게 정치적, 사회적, 그리고 경제적으로 혼란한 사태에서 마녀사냥(Hexenwahn)이 성행했는데 그 이유는 독일인들이 당시의 현실적 상황에서 벗어나기 위해 미신(Aberglaube)에 집착했기 때문이다. 혼란한 시기에 반유대주의가 맹위를 떨치는 것과 마찬가지로 마녀사냥 역시 불안한 사회적 분위기가 낳은 고통해소의 심리적 대응방법 중의 하나였다. 종교재판에서 이단으로 피소된 사람들을 심문하는 재판관이자 도미니쿠스 수도원 부원장이었던 슈프랭거(J. Sprenger: 1436-1495)와 동료 도미니쿠스 수도사 크라머(H. Kramer: 1430-1505)는 '마녀들을 어떻게 다루어야 하나(Malleus maleficarum)'라는 책을 출간했다. 1486년 스트라스부르크에서 출간된 이 책은 1669년까지 무려 28판이 나올 정도로 많이 팔렸다. 이 책의 기본 요지는 불행과 재난은 모두 사탄이 일으키는 것이므로 사탄의 앞잡이인 마녀들을 잡아들여 사탄의 기세를 꺾을 경우 불행과 재난도 물리칠 수 있다는 것이었다. 이 당시 마녀란 사탄과 계약을 맺고 그와 성행위를 한 여인을 지칭했다. 사람들은 마녀들이 빗자루를 타고 날아가 잔치를 벌이고 거기서 사탄을 숭배하는 의식을 거행한다고 믿었다. 이들은 또한 마녀가 자신이 싫어하는 사람들을 병에 걸리게 하거나, 우박을 내리게 하는 등의 여러 가지 못된 짓을 할 수 있는 능력을 가졌다고 생각했다. 마녀들이 법정에 끌려와 재판을 받을 경우 그 결과는 늘 뻔했다. 그들은 고백이나 후회만으로 풀려날 수 없었으며 시죄법 역시 별 도움이 되지 못했다. 왜냐하면 마녀로 지

목된 여인이 재판과정에서 죽어야만 무죄판결이 나왔기 때문
이다. 일부 법정은 마녀를 마을에서 추방하는 데 그쳤지만 대
부분은 마녀들을 장작더미 위에서 화형시켰다.

나가면서

중세에 시작된 교회의 세속화현상과 그것에 따른 부패현상은 근대에 접어들어서도 지속되었다. 이 당시 교회는 중세와 마찬가지로 교회 소유 토지에 부과하는 조세 이외에도 십일조를 비롯한 각종 세금과 수수료를 계속 징수했다. 그리고 고위 성직자들 역시 부도덕한 행위에서 벗어나지 못했고 이들은 이전보다 사치와 향락에 치중했고 그것은 교회의 관심을 예수의 가르침이나 인간의 구원보다 돈과 사치, 권력에 쏠리게 되었다. 그러나 이렇게 부와 사치를 누리던 교회는 교황청의 지나친 지출 증가로 인해 심각한 재정난에 봉착하게 되었다. 이에 따라 교황청은 부족한 재정을 충당하기 위해 각종 비정상적인 방법들을 동원했는데, 그중에서 대표적인 것이 바로 성직매매와 면벌부판매였다. 성직매매를 통해 높은 대가를 지불하고 성직에 오른 성직자들 역시 자신들의 재정적 손실을 회복하기 위해 교구민들에게 높은 세금을 부과했다. 점차적으로 성직이 재산축적의 손쉬운 방법으로 인식되기 시작했고 그것에 따라 교회는 더욱 형식적이고 권위적으로 변질되어갔다. 이렇게 교회의식은 갈수록 성대해졌지만, 신앙은 점점 외양적인 행사로 변해 일반대중이 교회를 불신하는 상태까지 이르렀다.

이러한 분위기에서 종교개혁은 불가피했다. 문제는 개혁

이 교회 내부에서 자발적으로 일어나느냐, 아니면 외부로부터의 도전적인 형태로 나타나느냐 뿐이었다. 그러나 교회 내부에서의 자발적인 개혁 가능성은 매우 희박했다. 실제로 15세기 전반기에 개최된 일련의 종교회의에서 교회내부의 폐해를 제거하려고 했으나, 이 시기의 교황과 교회는 그 어느 때보다 부패하고 타락해 있었던 것이다.

이러한 시점에 후스는 보헤미아 지방에서 성서지상주의를 지향한 종교개혁을 펼쳤다. 그러나 로마 교황청은 이러한 후스 개혁을 이단시했고 거기서 그에 대한 화형도 결정했다. 이후 보헤미아 지방에서는 후스주의 혁명이 발생했고 이 혁명을 주도한 인물들은 영성체 의식에서 빵과 포도주의 양종제도를 도입했다. 이후부터 포도주를 담는 성배는 후스주의 운동의 상징으로 부각되었고 후스를 추종하던 후스주의자들은 성배주의자라 불리게 되었다. 상황이 이렇게 진행됨에 따라 로마 교황청은 빵과 포도주의 양종을 불허한다는 교령을 내렸지만 1419년 초반부터 프라하의 대다수 교회들은 체코어로 성찬식과 예배를 진행했고 지방에서도 그러한 현상이 점차적으로 확인되었다. 그리고 후스주의 혁명으로 보헤미아 지방에서는 후스주의 교회와 로마교회라는 두 종교가 한 나라에서 공존하는 그 때까지 유럽 기독교 역사상 전대미문의 상황이 전개되었고, 세속정치에 대한 교회의 영향력이 배제되었으며, 의회에서 교회가 대표성을 상실하게 됨에 따라 대귀족, 소귀족, 그리고 도시 대표들이 보헤미아 정치를 주도하게 되었고 그것은 체코 왕국에서 귀족 정치의 등장도 예견하게 했다. 또한 후스주의는 도시의 급격한 위상증대를 가져왔고, 또한 도시의 민족적 구성에도 변화를 끼쳤다.

면벌부판매의 부당성을 제기하는 과정에서 비롯된 루터의 종교개혁 역시 후스와 마찬가지로 성서지상주의를 지향했고 그것은 교회 및 성직자의 역할을 부정하는 요인으로 작용했다. 그리고 루터의 종교개혁은 기존 로마교회의 교리와 성격을 혁명적으로 바꾸어 놓았다. 그는 전통적인 라틴어 대신 독일어를 사용하여 목회활동을 했으며 교황, 대주교, 주교 등의 성직제를 폐지했다. 즉 그는 성직자와 평신도를 갈라놓은 장벽을 허물고 성직자가 지상에서 누렸던 특권과 지위를 폐지하려고 했던 것이다. 또한 그는 수도원 제도를 폐지하고 목회자에게도 결혼을 허용해야 한다고 주장했다. 루터는 구원에 이르는 방법으로 선행보다는 믿음을 강조했기 때문에 금식, 순례 여행, 성물 숭배 등을 무시했다. 아울러 루터는 교회가 국가위에 존재한다는 것을 부정하고, 교회를 국가의 통제와 관리하에 두고자 했다.

독일에 이어 스위스에서도 종교개혁의 흐름이 나타났다. 스위스는 수 세기 동안 독립전쟁을 치렀고 그러한 과정에서 자유주의적 정신도 확산되었다. 또한 중세 상공업의 요지로 도시들이 번영했으며 부패한 성직자들 역시 많은 곳으로 알려졌다. 1532년 교황, 성직자, 수도원을 비난하고 취리히 교회 내의 미사, 십자가, 제단, 성화를 없앤 츠빙글리에 이어 프랑스인 칼뱅이 제네바의 정치 및 종교적 실권을 장악하게 되었다. 그는 인간의 구제가 당초부터 신의 예정에 의한다는 주장을 펼쳤고 정치와 종교의 분리를 주장하던 루터의 사상과는 달리 정치는 물론 생활 자체에서도 엄격한 성서중심주의를 강조했다. 루터의 사상이 국내적이고 신비적이라면 칼뱅의 가르침은 보다 이론적이고 국제적이었기 때문에 전도 사업을 추진하는 데 있어 커다란 장점으로 부각되었다. 그리고 칼뱅은 신이 예정해 준 직업의 완전수행만이 신의 의지에 따르는 길이며 재산과 시간을 낭비하는 것은 신을 배반하는 죄악이라고 했다. 예정설에 의한 직업에 헌신함으로써 축적된 재산의 철저한 소비억제를 근간으로 하는 칼뱅주의의 윤리는 근대 자본주의 정신의 중요한 지주가 되었다. 이러한 칼뱅의 주장은 상공시민 계층의 현실적 축재를 종교적으로 합리화시킨 것으로 근대산업이 성장되고 있던 여러 나라에 널리 확산되었다. 독일과 스위스와는 달리 국왕의 개인적 문제에서 비롯된 영국의 종교개혁은 가톨릭 교리의 기본적 골격을 그대로 유지하게 되었고, 그것으로 인해 청교도혁명이라는 위기적 상황도 유발시켰다.

1555년 9월 23일 아우구스부르크 종교회의에서 체결된 제후 및 자유도시에 대한 신앙의 자유는 구교 및 신교 모두를 만족시키지 못했다. 그럼에도 불구하고 신성로마제국의 제후들은 더 이상의 분쟁을 원하지 않았기 때문에 전쟁은 발생하지 않았다. 그러다가 빈 정부가 보헤미아 지방에서의 종교적 분쟁을 효율적으로 해결하지 못함에 따라 종교전쟁이 발생하게 되었고 거기에는 스웨덴, 덴마크, 그리고 프랑스를 비롯한 유럽의 다수 국가들도 개입하게 되었다. 30년간 지속된 이 종교전쟁은 1648년 베스트팔렌 조약이 체결된 후 종료되었지만 신구교 간의 종교적 앙금은 해소되지 못하고 오랫동안 지속되었다.

참고문헌

M. Alexander, *Kleine Geschichte der böhmischen Länder*(Stuttgart, 2008)

K. Aland, *Kirchengeschichte in Zeittafeln und Überblicken*(Gütersloh, 1984)

J. Bahlcke, *Geschichte Tschechiens: Vom Mittelalter bis zur Gegenwart*(München, 2014)

P. M. Barford, *The Early Slavs: Culture and Society in Early Medieval Eastern Europe*(New York, 2001)

J. Bradley, *Czechoslovakia: A Short History*(Edinburgh, 1971)

P. Blicke, *Die Reformation im Reich*(Stuttgart, 1982)

E. Cameron, *The European Reformation*(Oxford, 1991)

T. Chorherr, *Eine kurze Geschichte Österreichs*(Wien, 2013)

P. Cornej, *A Brief History of the Czech Lands to 2004*(Prague, 2003)

P. Demetz, *Prag in Schwarz und Gold*(München, 1998)

A. G. Dickens, *The German Nation and Martin Luther*(New York, 1974)

G. R. Elton, *Reformation Europe 1517-1559*(New York, 1966)

M. Erbe, *Die Habsburger 1493-1918*(Stuttgart-Berlin-Köln, 2000)

U. Gäbler, *Huldrych Zwingli. Eine Einführung in sein Leben und sein Werk*(München, 1993)

T. George, *Theology of the Reformer*(Nashville, 1988)

E. J. Görlich, *Grundzüge der Geschichte der Habsburgermonarchie und Österreichs*(Darmstadt, 1980)

M. Haas, *Huldrych Zwingli*(Zürich, 1969)

B. Hamm, *Zwinglis Reformation der Freiheit*(Neukirchen-Vluyn, 1988)

P. Hilsch, *Johannes Hus. Prediger Gottes und Ketzer*(Regensburg, 1999)

H. Jedin(Ed.,), *Handbuch der Kirchengeschichte* III/2(Freiburg, 1968)

J. Kalousek, *O Potřebě prohloubiti vědomosti o Husovi a jeho době*(Praha, 1902)

J. Kejř, *Husův proces*(Praha, 2000)

J. Kejř, *Die Causa Johannes Hus und das Prozessrecht der Kirche*(Regenburg, 2005)

T. Krzenck, *Johannes Hus: Theologe, Kirchenreformer, Märtyrer*(Gleichen-Zürich, 2011)

G. W. Locher, *Die Zwinglische Reformation im Rahmen der europäischen Kirchengeschichte*(Göttingen-Zürich, 1979)

M. Mauritz, *Tschechien*(Regensburg, 2002)

A. McGrath, *Reformation Thought: An Introduction*, 2nd edn(Oxford, 1993)

P. Opitz, *Ulrich Zwingli. Prophet, Ketzer, Pionier des Protestantismus*(Zürich, 2015)

S. Ozment, *The Age of Reform 1250-1550*(New Haven, 1980)

A. Pettegree, *Europe in the Sixteenth Century*(Oxford, 2002)

J. V. Polišenský, *History of Czechoslovakia in Outline*(Praha, 1991)

F. Prinz, *Deutsche Geschichte im Osten Europas: Böhmen und Mähren*(Berlin, 1993)

M. Ransdorf, *Mistr Jan Hus*(Praha, 1993)

W. Rugert, *Jan Hus. Auf den Spuren des böhmischen Reformators*(Konstanz, 2015)

R. W. Scribner, *The German Reformation*(Atlantic Highlands, 1986)

P. Soukup, *Jan Hus Prediger-Reformator-Märtyr*(Stuttgart, 2014)

M. Spinka, *Jphn Hus*(Princeton, 1968)

M. E. Wiesner-Hanks, *Early Modern Europe 1450-1789*(Cambridge, 2006)

저자 소개

김장수(金長壽)

- 한양대학교 사학과 졸업
- 베를린 자유대학교 역사학부 졸업(석사 및 철학박사)
- 가톨릭 관동대학교 역사교육과 교수(현재)
- 한국서양문화사학회 회장(현재)

- 저서

  Die politische Tätigkeit F.Palackýs.

  Korea und der 'Westen' von 1860 bis 1900.

  Die Beziehungen Koreas zu den europäischen Großmächten, mit besonderer Berück-
  sichtigung der Beziehungen zum Deutschen Reich.

  프란티세크 팔라츠키(F.Palacký)의 정치활동

  독일의 대학생활동 및 그 영향

  서양의 제 혁명

  비스마르크

  중유럽 민족문제(공저)

  주제별로 접근한 독일근대사

  유럽의 절대왕정시대

  주제별로 들여다 본 체코의 역사

  주제별로 살펴 본 서양근대사

  체코역사와 민족의 정체성

  슬라브 정치가들이 제시한 오스트리아제국의 존속방안

- 논문

「프랑스혁명시기의 독일의 대학생활동: 슈투트가르트(Stuttgart)의 칼 학교(Carlsschule)를 중심으로」

「19세기 이후 제시된 오스트리아제국의 존속방안: 구오스트리아주의와 친오스트슬리아슬라브주의를 중심으로」

「팔라츠키(F.Palacký)의 오스트리아 명제: 정립과 실천과정을 중심으로」

「슬라브민족회의의 개최필요성제기와 그 준비과정」

「프라하 슬라브민족회의(1848)의 활동과 지향 목적」

「크렘지어(Kremsier)제국의회에 제출된 오스트리아제국 개편안: 팔라츠키(F.Palacký)와 마이어(K.Mayer)의 헌법초안을 중심으로」

「체코정치가들의 활동 및 지향목표: 소극정치(passivní politika) 이후부터 체코슬로바키아공화국 등장이전까지의 시기를 중심으로」

「토머시 개리그 마사리크(Tomas Garrigue Masaryk)의 정치활동: 1890년대부터 체코슬로바키아 독립국가 등장 이후까지를 중심으로」

「체코정치가들의 지향목표와 벨크레디(R.Belcredi)의 대응: 쾨니히그래츠(Königgrätz) 패배이후의 시기를 중심으로」

「팔라츠키의 정치활동과 그 한계성: 2월칙령 발표이후부터 러시아방문까지의 시기를 중심으로」

「소슬라브민족회의(1866): 개최원인, 전개과정, 그리고 결과를 중심으로」

「체코 정치가들의 활동과 지향목표: '오스트리아 제국의 국가이념' 출간 전후의 시기를 중심으로」

「오스트리아적 대독일주의의 등장과 프랑크푸르트 국민의회의 대응」

「오스트리아제국 내 독일자치주의자들의 활동과 목적」

「오타카르 2세(Ottakar II)의 치세」

「볼레슬라프 2세 '경건왕(Boleslav Pobozny)': 외교 및 종교정책을 중심으로」

「발트슈테이나(Albrecht Václav Eusebius z Valdštejna)의 정치적 활동」

외 다수.